알버트 AI로봇과 함께하는
즐거운 엔트리 코딩

스택 코딩

알버트 AI로봇과 함께하는 🎵 즐거운 엔트리 코딩

스택 코딩

초판 1판 1쇄 발행 : 2021년 1월 29일

발행인 : 김길수
발행처 : ㈜영진닷컴
등 록 : 2007. 4. 27. 제16-4189호
이메일 : support@youngjin.com
주 소 : (우)08507 서울특별시 금천구 가산디지털1로 128 STX-V 타워 4층 401호

ISBN   978-89-314-6121-3

독자님의 의견을 받습니다.
이 책을 구입한 독자님은 영진닷컴의 가장 중요한 비평가이자 조언가입니다. 저희 책의 장점과 문제점이 무엇인지, 어떤 책이
출판되기를 바라는지, 책을 더욱 알차게 꾸밀 수 있는 아이디어가 있으면 팩스나 이메일, 또는 우편으로 연락주시기 바랍
니다. 의견을 주실 때에는 책 제목 및 독자님의 성함과 연락처(전화번호나 이메일)를 꼭 남겨 주시기 바랍니다. 독자님의
의견에 대해 바로 답변을 드리고, 또 독자님의 의견을 다음 책에 충분히 반영하도록 늘 노력하겠습니다.

파본이나 잘못된 도서는 구입하신 곳에서 교환해 드립니다.

STAFF
저자 안진석 | **총괄** 김태경 | **기획** 최윤정 | **디자인·편집** 김소연 | **영업** 박준용, 임용수, 김도현
마케팅 이승희, 김근주, 조민영, 이은정, 김예진, 채승희, 김민지 | **제작** 황장협 | **인쇄** 제이엠

알버트 *AI* 로봇과 함께하는 즐거운 엔트리 코딩

스택 코딩

YoungJin.com Y.
영진닷컴

로봇과 함께 사는 세상이 온다!

로봇과 함께 사는 세상은 더 이상 먼 이야기가 아닙니다. 이미 많은 공장에서 로봇은 사람을 대신해 단순 반복되는 일이나 위험하고 힘든 일을 하고 있습니다. 여기에 인공지능 기술의 발달이 더해져 사람을 대신해 감정 노동을 하거나 기사를 대신 작성해 주고, 음식을 만들어 주며, 행사 안내와 길 안내까지 척척 해 주는 로봇들이 속속 등장하고 있습니다. 이렇게 하루가 다르게 변화하는 세상 속에서 우리 학생들이 현명하게 로봇과 함께 살아가기 위해서 세계 각국은 어떤 준비를 하고 있고, 또 우리는 어떤 준비를 해야 할까요?

미국의 경우 STEM 교육에서 로봇을 많이 활용합니다. 초등 및 중학교 단계의 수학, 과학, 영어 등 교과학습 시간에 주제 중심의 융합 수업을 할 때 로봇을 활용함으로써 미래 사회에 대비한 교육을 해 나가는 것이죠. 호주의 경우 중학교에서부터 로봇을 직접 조립하여 만들고, 프로그래밍하여 이를 제어하는 수업을 진행합니다. 이 과정에서 학생들은 팀을 만들어 협력하여 문제를 해결하는 경험을 할 뿐 아니라 공학이나 기술 분야에 대한 관심을 가지게 되는 것이죠. 영국의 경우 자폐증 및 지적 장애가 있는 학생들의 학습을 위해 로봇을 많이 활용합니다. 자폐증을 앓고 있는 아이들이 로봇과의 상호작용에 거부감을 훨씬 덜 느낀다는 점에 착안해 자폐증 진단과 치료에 로봇을 활용하는 것입니다. 우리나라의 경우 정규 교육 과정에서 볼 때 초등학교 5~6학년군에서 로봇 교육이 이루어지는데, 2015 개정 교육 과정에서 SW 교육이 도입되면서 SW 교육 시간에 배운 프로그래밍 언어로 교과서 속 로봇을 제어해 보는 경험을 할 수 있습니다.

하지만 이렇게 학교 수업을 통해 이루어지는 로봇 관련 교육만으로는 충분하지 않습니다. 학생들의 로봇에 대한 관심과 흥미를 교육적으로 이끌어 내고, 여러 교과의 지식을 융합하여 창의적인 사고력을 바탕으로 다양한 아이디어를 만들어 이를 로봇과 접목한 교육으로 나아가기 위해서는 보다 체계적이고 충분한 학습 경험이 필요합니다. 특히 어릴 때부터 다양한 로봇을 접하고, 제어해 보는 경험은 우리 학생들의 로봇을 다루는 역량을 키우는 데 결정적인 역할을 할 수 있습니다. 따라서 본 책에서는 아주 쉬운 것부터 시작하도록 하였습니다. 처음 로봇을 활용한 SW 교육을 시작하는 우리 아이들을 위해, 그리고 그들을 지도하는 선생님 또는 부모

님들을 위해 카드 코딩에서 시작하여 엔트리 코딩, 스택 코딩으로 나아가도록 문제 해결 중심으로 내용을 구성하였습니다.

우리 아이들이 생각하고, 상상하는 인간으로 성장하길 기대합니다. 자기 생각과 상상을 현실로 만들 수 있기를 희망합니다. 로봇과 더불어 살아가는 세상을 상상하고, 함께 하는 가치를 알고, 성취감을 느껴 이 사회의 변화와 혁신을 주도하는 주인공으로 성장하길, 우리의 미래를 바꿀 수 있는 새 시대의 인재가 될 것을 믿습니다. 로봇을 활용한 SW 교육의 첫걸음으로서 이 책이 그러한 학생들의 앞길에 부디 도움이 되길 기대하며...

2021년 1월

저자 **안진석**

저자 프로필

안진석

- 현 초등컴퓨팅교사협회 재무기획팀장
- 현 초등학교 교사
- 경인교육대학교 초등컴퓨터교육 석사 수료
- 교육부 및 과학기술정보통신부 SW 교육 강사
- **대표 저서** : 학교 수업이 즐거운 엔트리 코딩
  호시탐탐 코딩그림동화 시리즈
  WHY? 코딩 워크북 시리즈
  소프트웨어와 함께하는 창의력 여행
  Hello! 알버트 외

로봇과 함께 하는 SW 교육

❶ 로봇 활용 SW 교육이 무엇인가요?

IoT, 빅데이터, AI, 3D 프린팅, 로봇 등으로 대변되는 4차 산업혁명 시대가 도래하면서 로봇을 활용한 교육에 대한 관심이 뜨겁습니다. 특히 SW 교육이 초등학교에서부터 의무화되면서 "로봇을 활용한 SW 교육"에 대한 수요와 기대 역시 늘어나고 있습니다. 하지만 우리가 흔히 생각하는 로봇 교육과 로봇을 활용한 SW 교육은 엄연히 그 의미가 다릅니다. 일반적인 로봇 교육은 로봇 자체를 가르치는 것을 목적으로 합니다. 로봇의 작동 원리를 배우고 로봇을 제작해 실생활 속에서 적용함으로써 해당 로봇에 대해 하나씩 알아 가는 것입니다. 이에 반해 로봇을 활용한 SW 교육은 SW 교육의 내용 요소를 로봇을 이용해 쉽고 재미있게 학습하는 것을 목적으로 합니다. 따라서 로봇 자체에 대한 학습보다 다른 교과 학습 목표를 달성하기 위하여 로봇을 수단으로 활용하게 됩니다.

이러한 의미의 로봇 활용 SW 교육은 왜 필요한 것일까요? 그 필요성은 SW 교육에서 로봇이 가지는 교육적 가치를 살펴보면 찾을 수 있습니다. 첫째, 로봇을 활용한 SW 교육을 했을 때, 설계-코딩-실행-재설계 피드백 과정이 매우 빠르게 일어납니다. 즉, 자신이 코딩한 결과물을 로봇을 통해 실세계에서 바로 확인할 수 있기 때문에 일련의 문제 해결 과정이 효율적이며 효과적으로 구현될 수 있습니다. 둘째, 알고리즘의 물리적 실행을 통한 동기 유발 및 이해 촉진에 도움이 됩니다. 학생들은 자신이 설계한 알고리즘을 눈앞의 실세계에서 실행해 볼 수 있고, 무엇이 잘못되었고, 어떤 부분을 수정해야 하는지 쉽게 찾을 수 있습니다. 이러한 부분은 학생들의 학습 성취 향상은 물론 학습에 대한 이해를 촉진시켜 줍니다. 셋째, 학생들이 몰입할 수 있게 해 줍니다. 움직이는 로봇은 그 자체만으로 학생들의 흥미를 자극합니다. 특히 나이가 어린 학습자일수록 로봇에 자신의 감정을 이입하기 때문에 학생들이 더욱 학습에 몰두할 수 있습니다. 또한, 로봇을 활용한 SW 교육의 경우 센서로부터 데이터를 수집하기 때문에 환경에 따라 그 결과가 달라질 수 있습니다. 이러한 불확실성 역시 학생들의 몰입을 촉진합니다. 이 외에도 교사와 학생 간 상호작용을 활발하게 하는 등 SW 교육에서 로봇이 가지는 가치는 매우 높다 할 수 있습니다.

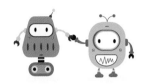

❷ 우리 아이들의 미래와 함께할 로봇과 친구가 되게 해 주세요!

그렇다면 로봇을 활용한 SW 교육, 어떻게 시작하면 좋을까요? 미래 우리 학생들이 살아갈 세상은 로봇을 떼어 놓고는 상상할 수 없습니다. 가정, 학교, 놀이터, 도서관 등 학생들이 생활하는 모든 시공간에서 로봇을 접하게 됩니다. 따라서 어릴 때부터 로봇을 자주 접하고, 다룰 수 있는 경험을 제공하는 것이 좋습니다. 처음 로봇을 활용한 SW 교육을 시작하는 단계에서는 학습이 아닌 놀이로써 충분히 로봇을 탐색할 수 있도록 해 주세요. 본 교재에 제시된 알버트 로봇의 경우 프로그래밍 언어를 알지 못해도 카드 또는 재미있는 앱만으로도 로봇을 제어할 수 있기 때문에 놀이로써의 접근이 가능합니다.

충분한 탐색 단계가 지나고 나면 학생들은 단순히 로봇을 가지고 노는 것에 만족하지 않고 더 많은 것을 하고 싶어 합니다. 그때 해당 로봇의 작동 원리를 함께 알아보고 로봇의 센서가 어떤 역할을 하는지, 어떻게 활용할 수 있을지 생각해 보도록 할 수 있습니다. 특히 로봇에 사용되는 센서와 인체 구조를 비교하여 학생들이 이해할 수 있도록 함으로써 로봇의 무한한 가능성을 알도록 합니다. 이렇게 본격적으로 해당 로봇을 활용한 다양한 문제를 경험하기 위해서는 잘 만들어진 교재나 교육용 콘텐츠가 필요합니다. 본 교재에서는 카드를 통해 알버트를 제어할 수 있는 언플러그드형 SW 교육 콘텐츠는 물론 교육용 프로그래밍 언어인 엔트리를 통해 알버트 로봇을 제어해 로봇을 활용한 SW 놀이를 경험할 수 있도록 구성했습니다. 또한, 컴퓨터 사용이 어려운 학생들을 위해 스마트패드나 스마트폰의 앱을 활용해 알버트 로봇을 제어할 수 있도록 안내하고 있습니다. 각 챕터에서 제공하고 있는 다양한 문제 상황을 알버트 로봇과 함께 해결해 가다 보면 어느새 로봇과 친구가 되어 있는 학생들의 모습을 볼 수 있을 겁니다.

❸ 로봇 활용 SW 교육을 위한 환경을 제공해 주세요!

학습에 있어서 환경적인 요소는 매우 중요한 부분입니다. 로봇을 활용한 SW 교육이 성공적으로 이루어지기 위해서는 해당 로봇과 학생이 만나는 빈도를 높여야 합니다. 정해진 시간에 정해진 시간만큼만 활용하기보다는 일상생활 속에 로봇이 한 부분이 될 수 있도록 환경을 구성해 주는 것이 좋습니다. 학교라면, 학생의 손이 닿는 곳에 언제나 로봇을 꺼내서 활용할 수 있도록 하되 로봇 체험실처럼 언제든 문제를 해결할 수 있는 공간이 마련되어 학생들이 로봇을 접하는 시간적, 공간적 제약을 최소화하도록 합니다.

가정에서도 마찬가지입니다. 자녀가 언제든 로봇을 꺼내 탐색하고, 다양한 문제를 스스로 내고 해결해 볼 수 있는 환경 구성을 통해 나중에는 부모님의 도움 없이도 자기 주도적 로봇 활용 SW 교육을 끌어갈 수 있도록 해야 합니다. 또한, 로봇만 있는 것이 아니라 종이상자, 수수깡, 레고 블록 등 로봇을 활용해 다양한 미션 상황을 구성하고, 프로젝트를 통해 문제를 해결해 보는 경험으로 이끌 수 있는 실생활 속 재료들도 상시 구비하는 것이 좋습니다. 이러한 보조 재료들은 학생들의 상상력을 이끌고, 문제를 해결해 가는 과정에 더욱 몰입할 수 있도록 하는 데 중요한 역할을 합니다.

❹ 이것만은 주의해 주세요!

처음 로봇을 만났을 때 우리 학생들은 매우 큰 흥미를 가지고 접근합니다. 하지만 이것으로 충분하지 않습니다. 학생들의 학습 동기가 지속적으로 유지되기 위해서는 적절한 시기에 적절한 자료들을 제공함으로써 학생들이 끊임없이 로봇을 활용한 SW 교육에 몰입하도록 도와줘야 합니다. '로봇만 던져 주고 알아서 하겠지'라는 식의 무책임한 행동은 스스로 로봇을 가지고 할 수 있는 것이 많지 않음에 대한 실망과 좌절만 안겨 주게 되어 오히려 로봇에 대한 흥미를 반감시킬 수 있습니다. 따라서 스스로 로봇 활용 SW 교육을 이끌어 갈 힘이 생기기 전까지는 선생님 또는 부모님의 적절한 도움이 필요합니다.

또한, 처음 로봇을 주거나 학습을 시작할 때 로봇을 보관하고, 관리하는 방법을 함께 알아봅니다. 로봇은 기계이기 때문에 다룰 때 주의해야 할 점들이 있습니다. 이를 학생이 스스로 인지하고 관리하도록 하여 고장을 막고, 오래 사용할 수 있는 습관을 갖도록 해 주세요. 특히 학교나 기관에서 사용할 때 여러 명의 학생이 로봇을 다루게 되면, 자신의 것이 아니라는 생각에 함부로 할 수 있습니다. 학생 스스로 주인 의식을 가지고 로봇을 관리할 수 있도록 처음 로봇을 활용한 학습을 시작할 때 사전 교육을 철저하게 해 주세요.

⑤ 혼자서도 할 수 있는 로봇 활용 SW 교육 정보

에드위드(https://www.edwith.org)

커넥트 재단에서 운영하는 무료 교육용 플랫폼으로 소프트웨어 코딩의 기초 개념부터 인공지능 강좌, 우주 대학 강좌 등 언제 어디서나 누구든지 원하는 교육을 받을 수 있는 MOOC(Massive Open Online Course) 서비스를 제공하고 있습니다. 〈거꾸로 교실, 학생들을 위한 피지컬 컴퓨팅 기초〉 강좌에서 알버트 로봇과 관련된 영상 강의를 무료로 학습할 수 있습니다.

EBS 이솦(https://www.ebssw.kr)

이솦은 EBS 소프트웨어 교육 플랫폼으로 수준별 맞춤형 자기주도 학습을 할 수 있도록 지원하는 전 국민 무료 SW 교육 온라인 플랫폼입니다. 〈영어&코딩, 알버트의 미션임파서블〉 강좌에서 알버트 로봇과 관련된 영상 강의를 무료로 학습할 수 있습니다.

초등컴퓨팅교사협회(http://hicomputing.org)

전국의 초등학교 교사들이 만든 비영리법인으로서 다양한 SW 교육 자료들을 무료로 제공하고 있습니다. 교사, 일반인, 학부모 등을 위한 다양한 SW 교육 교재나 가이드, 활동지, PPT 등을 제공하고 있어 SW 교육 시 활용할 수 있으며 특히 알버트 로봇뿐 아니라 다양한 로봇 활용 SW 교육 자료들을 열람할 수 있습니다.

목차

SECTION 01

8세 이상

블록 코딩을 준비해요!

이전까지 스택 카드만으로 알버트 로봇을 움직였다면 지금부터는 스마트폰(스마트패드)에 앱을 설치해 스택 앱의 블록 코드를 이용해 알버트 로봇을 움직이려고 합니다. 먼저 알버트 로봇을 움직이는 데 필요한 앱을 설치해 보겠습니다. 하나씩 따라 하며 블록 코딩을 준비해 봅시다.

블록 코딩을 배워요!

🦉 목표
블록 코딩에 필요한 스택 앱을 설치하고, 사용 방법 알기

🦉 준비물
알버트 AI, 스마트폰(스마트패드)

🦉 주의사항
스마트폰(스마트패드) 오래 사용하지 않기

🦉 연관 교육과정
실과 [6실04-07] 소프트웨어가 적용된 사례를 찾아보고 우리 생활에 미치는 영향을 이해한다.
[6실05-06] 생활 속에서 로봇 활용 사례를 통해 작동 원리와 활용 분야를 이해한다.

이 놀이는

알버트 로봇을 블록 코딩으로 움직이기 위해 필요한 스택 앱을 설치하고, 사용 방법을 익히는 활동이에요. 앱을 직접 설치하고 연결하는 방법을 알아보면서 앞으로 어떤 활동을 하게 될지 생각해 볼 수 있어요.

❶ 스마트폰 또는 스마트패드의 구글플레이에서 [로보이드]를 검색한 후 [설치] 버튼을 눌러 설치합니다.

❷ 로보이드 앱을 실행시켜 마켓에서 스택 앱을 설치합니다.

❸ 알버트의 전원을 켜서 알버트 연결 준비가 되었다는 안내 멘트 후 화면 상단의 로봇 아이콘을 눌러 '하드웨어'로 이동합니다. 아래의 [하드웨어 추가] 버튼와 [하드웨어 찾기] 버튼을 차례대로 눌러 나타 나는 알버트 AI를 선택하여 연결합니다.

❹ 블록형 코딩 앱인 스택이 시작되는 화면입니다.

⑤ [새 프로젝트]를 눌러 코딩을 시작합니다.

⑥ 블록형 코딩 앱인 스택이 실행된 화면입니다. 알버트의 종류에 따라 선택하여 스택 앱을 사용할 수 있습니다. 오른쪽 상단의 버튼을 눌러 알버트 AI를 선택합니다. 왼쪽 블록 모양의 코드를 순서대로 연결하여 알버트에게 명령을 내릴 수 있습니다. 알버트가 연결되어 있으면 파란색으로, 연결되어 있지 않으면 노란색으로 변합니다.

⓻ 오른쪽 3개의 점을 클릭하면 부가기능을 사용할 수 있습니다. 이 중 환경 설정에서는 블록 코딩을 위한 다양한 기능을 설정할 수 있습니다.

⓼ 환경 설정에서 블록 단계를 눌러 학습자의 수준에 맞게 설정합니다. 단계에 따라 사용되는 블록의 내용과 숫자가 달라지며 이 교재에서는 초급 또는 중급의 단계를 중심으로 활동이 이루어집니다.

9 하드웨어 기본 값에서는 알버트의 기본 이동 속도와 기본 이동 거리 등 기본 값을 설정해 줄 수 있습니다. 특히 초급 단계를 선택한 경우에는 기본 값을 기억해 두는 것이 좋습니다.

10 왼쪽 상단의 시작 버튼을 누르면 블록 꾸러미의 종류를 변경할 수 있습니다. [시작], [흐름], [소리] 등과 같이 공통적으로 쓰이는 블록 꾸러미들도 있으나 알버트나 로봇의 종류에 따라 명령어 블록이 구분되어 있으니 참고합니다.

스택 앱이 새롭게 바뀌었어요!

스택 앱은 알버트(BT, SCHOOL, UO, AI)를 비롯한 다양한 로봇을 사용할 수 있게 업그레이드가 되었습니다. 기존에는 알버트의 종류에 따라 앱을 설치하는 번거로움이 있었으나 이제는 한 개의 앱에서 알버트를 비롯한 다양한 로봇을 연결하고, 블록의 종류를 구분 사용해 코딩할 수 있게 되었습니다.

또한 학습자의 수준에 따라 블록 단계(난이도)를 '초급', '중급', '고급', '전문가' 4단계로 선택할 수 있기 때문에 다양한 형태와 코드를 사용하여 학습이 가능합니다.

본 교재에서는 초급, 중급의 블록 단계를 중심으로 학습이 이루어지며, 환경 설정에서 초급, 중급의 필요한 블록 코드들을 혼합하여 코딩도 가능합니다.

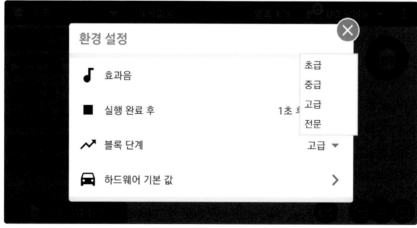

정지선을 지켜요!

여러분은 도로 위에 그려진 정지선을 본 적이 있나요? 운전자와 보행자의 안전을 위해서 정해진 약속이므로 운전자는 반드시 정지선을 지켜야 해요. 그런데 정지선에 너무 멀리 떨어져서도 안되고, 넘어서도 안돼요. 스택의 블록 코드를 이용해서 가장 가까이에 다가갈 수 있도록 코딩해 볼까요?

블록 코딩을 배워요!

🦉 목표
알버트 로봇으로 정지선에
가장 가까이 다가가는 미션 해결하기

🦉 준비물
알버트 AI, 스마트폰(스마트패드),
스택 앱, 도로 맵(부록), 자

🦉 주의사항
스마트폰(스마트패드)을 안전하게 두고 코딩하기

🦉 연관 교육과정
실과 [6실05-06] 생활 속에서 로봇 활용 사례를
통해 작동 원리와 활용 분야를 이해한다.
[6실04-11] 문제를 해결하는 프로그램을
만드는 과정에서 순차, 선택, 반복 등의
구조를 이해한다.

이 놀이는

알버트 로봇이 도로 위 정지선을 넘지 않고 가까이 다가갈 수 있도록 스택의 블록 코드를 이용하여 코딩해 보는 활동이에요. 정지선까지 다가가기 위해서 스택의 어떤 블록 코드를 사용해야 하는지 생각해 보고, 필요한 블록을 찾아 순서대로 연결하며 '순차' 구조와 블록의 사용법에 대해 알 수 있어요.

알버트 블록 코딩 활동을 시작해요!

❶ 알버트 AI, 스마트폰(스마트패드), 스택 앱, 도로 맵(부록), 자를 준비합니다.

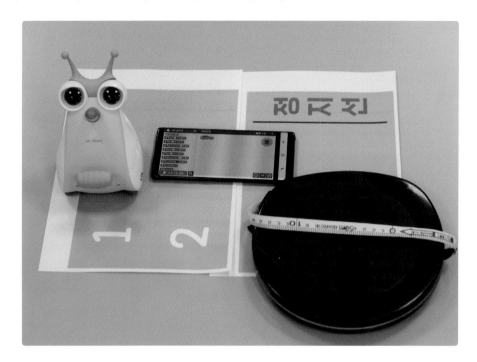

❷ 도로 맵 1과 2를 오려 연결한 후 미션을 해결할 준비를 합니다.

❸ 시작점에서부터 정지선 앞까지의 거리를 자로 측정해 봅시다. 알버트 로봇이 맵 위의 정지선에 다가
가기 위해 필요한 움직임은 무엇인지 생각해 봅니다.

❹ 정지선까지 다가가기 위해 스택 앱에서 필요한 블록 코드는 무엇인지 살펴봅니다.
  * 초급 블록 단계에서 [앞으로 이동하기] 블록 코드는 5cm를 이동합니다.

⑤ 알버트를 정지선에 다가가도록 블록 코드를 연결해 봅니다. 초급 블록 단계의 경우 [앞으로 이동하기] 블록 코드를 여러 번 이용하여 이동할 수 있습니다. 중급 블록 단계의 경우 [앞으로 5cm 이동하기] 블록 코드의 숫자값을 바꾸어 이동할 수 있습니다. 정지선에 보다 더 가까이 다가가도록 숫자를 바꾸어 봅시다. 원하는 블록 코드를 누른 상태에서 끌어다 원하는 위치에 연결시킬 수 있습니다.

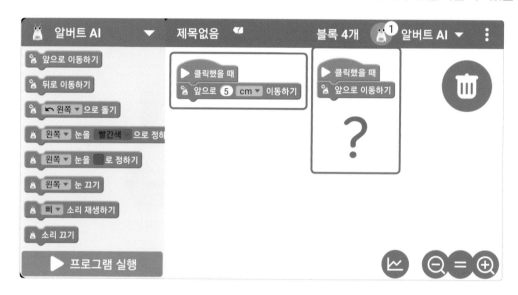

⑥ 블록 코드 연결이 끝나면 좌측 하단의 [프로그램 실행] 버튼을 눌러 알버트가 정지선까지 알맞게 이동하는지 살펴봅니다. 만일 정지선을 넘거나, 너무 멀리서 멈춰선 경우 블록 코드를 수정하여 더 가까이 다가가도록 합니다.

코드 1	코드 2

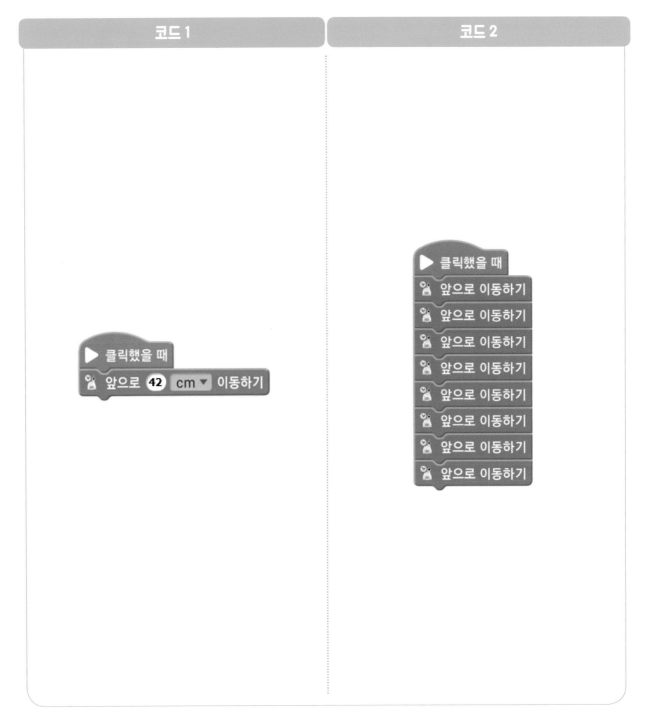

스택 블록 코드 살펴보기❶ : 알버트 AI 블록

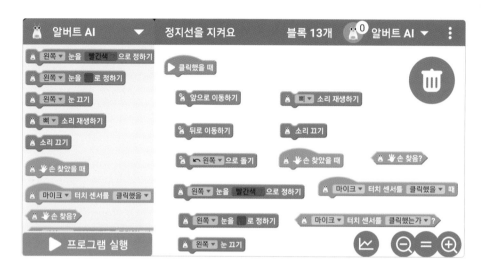

초급 블록 단계의 알버트 AI 블록에는 총 12개의 블록 코드가 있습니다. 그중 움직임과 관련된 블록 코드가 3개, 눈 LED와 관련된 블록 코드가 3개, 소리와 관련된 블록 코드가 2개, 센서와 관련된 블록 코드가 4개이며 ▼ 표시가 있는 블록은 각각 펼침 메뉴를 포함하고 있습니다.

앞으로 이동하기

앞으로 5cm 이동하기

뒤로 이동하기

뒤로 5cm 이동하기

왼쪽▼으로 돌기

왼/오른쪽으로 90도 돌기

왼쪽▼ 눈을 빨간색 으로 정하기

왼쪽▼ 눈을 로 정하기

왼/오른/양쪽 눈을 선택한 색으로 정하기

왼쪽▼ 눈 끄기

왼/오른쪽 LED 눈 끄기

삐▼ 소리 재생하기

삐 소리 재생하기

소리 끄기

알버트의 재생되는 소리 끄기

마이크▼ 터치 센서를 클릭했을▼ 때

알버트 배 위의 마이크 표시 터치 센서를 클릭했을 때

마이크▼ 터치 센서를 클릭했는가▼?

[조건] 알버트 배 위의 마이크 터치 센서가 클릭되었는지 확인

손 찾음?

[조건] 알버트 앞면의 근접 센서에 물체가 감지되었는지 확인

중급 블록 단계의 알버트 AI 블록에는 총 20개의 블록 코드가 있습니다. 그중 움직임과 관련된 블록 코드가 4개, 눈 LED와 관련된 블록 코드가 3개, 소리와 관련된 블록 코드가 7개, 센서와 관련된 블록 코드가 6개이며 초급 블록 단계보다 심화된 형태입니다.

다음은 초급 블록 단계에서 달라지거나 추가된 블록 코드들입니다.

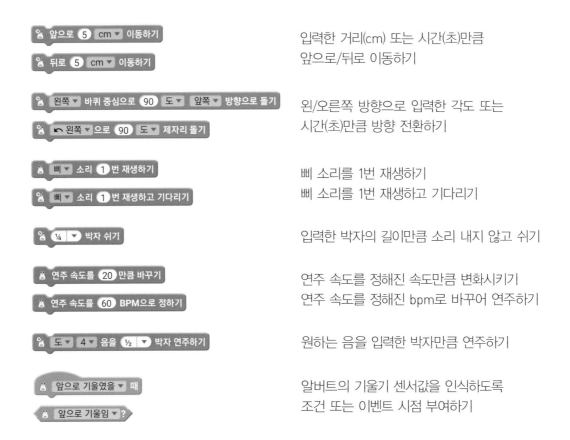

입력한 거리(cm) 또는 시간(초)만큼
앞으로/뒤로 이동하기

왼/오른쪽 방향으로 입력한 각도 또는
시간(초)만큼 방향 전환하기

삐 소리를 1번 재생하기
삐 소리를 1번 재생하고 기다리기

입력한 박자의 길이만큼 소리 내지 않고 쉬기

연주 속도를 정해진 속도만큼 변화시키기
연주 속도를 정해진 bpm로 바꾸어 연주하기

원하는 음을 입력한 박자만큼 연주하기

알버트의 기울기 센서값을 인식하도록
조건 또는 이벤트 시점 부여하기

SECTION 03

8세 이상

골목을 지나요!

여러분은 복잡한 골목길을 거닐어 본 적이 있나요? 알버트가 미로처럼 복잡한 골목을 빠져 나가려고 해요. 그런데 알버트가 처음 가는 길이라서 어려움을 겪고 있어요. 스택의 블록 코 드를 이용해서 알버트가 골목길을 무사히 빠져나갈 수 있도록 코딩해 볼까요?

블록 코딩을 배워요!

🦉 목표

알버트 로봇이 골목길을 무사히 빠져나가도록 미션 해결하기

🦉 준비물

알버트 AI, 스마트폰(스마트패드), 스택 앱, 골목길 맵(부록)

🦉 주의사항

스마트폰(스마트패드)을 안전하게 두고 코딩하기

🦉 연관 교육과정

실과 [6실05-06] 생활 속에서 로봇 활용 사례를 통해 작동 원리와 활용 분야를 이해한다.
[6실05-06] 문제를 해결하는 프로그램을 만드는 과정에서 순차, 선택, 반복 등의 구조를 이해한다.

이 놀이는

스택 앱의 다양한 블록 코드를 활용하여 알버트 로봇이 골목길을 빠져나가는 활동이에요. 알맞은 위치까지 이동하여 방향을 전환하기 위해서는 스택의 어떤 블록 코드를 사용해야 하는지 생각해 보고, 필요한 블록 코드를 찾아 순서대로 연결하며 '순차' 구조와 알버트의 움직임에 대해 익힐 수 있어요.

① 알버트 AI, 스마트폰(스마트패드), 스택 앱, 골목길 맵(부록)을 준비합니다.

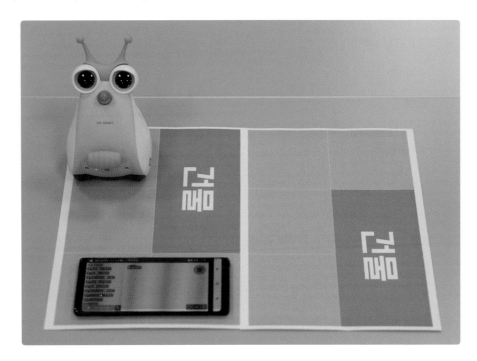

② 골목길 맵 1과 2를 오려서 연결한 후 미션을 해결할 준비를 합니다.

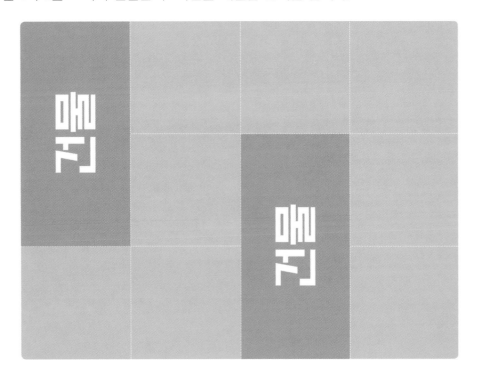

❸ 미션 지도 위에 출발 지점에서 도착 지점까지 알버트의 이동 경로를 표시합니다.

　　 * 이동 경로대로 알버트를 손으로 움직여 보면서 어떤 움직임이 필요한지 생각해 봅니다.

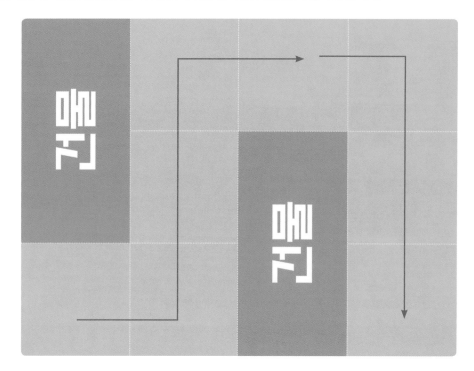

❹ 미션을 해결하기 위해 스택 앱에서 필요한 블록 코드는 무엇인지 살펴봅니다. 초급/중급 블록 단계
　　 중 각각의 방법으로 해결 방법을 생각해 봅시다.

　　 * ▼ 표시가 있는 블록 코드의 해당 부분을 누르면 펼침 메뉴가 나타납니다.

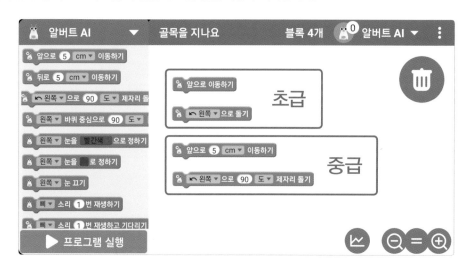

※ 5–1의 방법 또는 5–2의 방법 둘 중 하나를 선택해 블록 명령을 작성해 보세요.

5-1 [초급 블록 단계]

먼저 알버트 AI의 기본 이동 거리값이 5cm로 설정되어 있으므로 6cm로 바꾸어 줍니다.
화면 상단의 점 세 개 표시를 눌러 환경 설정을 선택한 후 하드웨어 기본 값을 누릅니다.
기본 이동 거리를 눌러 숫자 '6'을 입력하여 값을 변경해 줍니다.

[앞으로 이동하기], [왼/오른쪽으로 돌기] 블록 코드를 사용하여 코딩해 봅니다. 한 칸을 이동하기
위해서는 필요한 이동 거리가 6cm라는 점과 방향 전환을 위해 한쪽으로 돌 경우 90도를 회전한다
는 점을 잘 기억합니다. 주어진 코드대로 입력해 보고 실행시켜 본 후 빈 칸에 감추어진 나머지 코
드가 무엇일지 스스로 찾아내 봅시다.

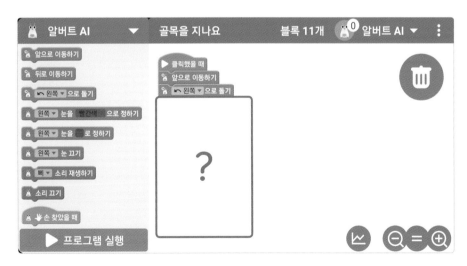

5-2 [중급 블록 단계]

환경 설정에서 블록 단계를 중급으로 설정한 후 원하는 거리, 각도만큼 입력하여 문제를 해결해 보도록 합니다. 주어진 코드를 참고하여 가려진 부분에는 어떤 블록 코드가 들어가게 될지 생각해 봅시다.

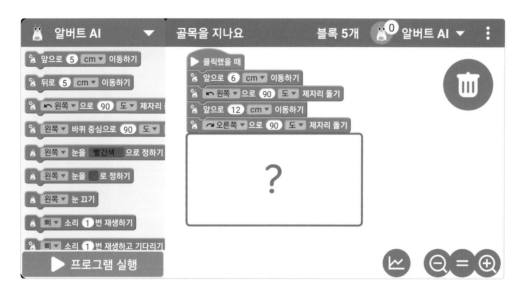

6 블록 코드 연결이 끝나면 좌측 하단의 [프로그램 실행] 버튼을 눌러 알버트가 알맞게 동작하는지 확인합니다. 잘못된 경우 블록 코드를 수정합니다.

알버트 블록 코딩 활동을 시작해요!

예시답안

코드 1	코드 2

코드 1

▶ 클릭했을 때
앞으로 이동하기
↰ 왼쪽 ▼ 으로 돌기
앞으로 이동하기
앞으로 이동하기
↱ 오른쪽 ▼ 으로 돌기
앞으로 이동하기
앞으로 이동하기
↱ 오른쪽 ▼ 으로 돌기
앞으로 이동하기
앞으로 이동하기

코드 2

▶ 클릭했을 때
앞으로 6 cm ▼ 이동하기
↰ 왼쪽 ▼ 으로 90 도 ▼ 제자리 돌기
앞으로 12 cm ▼ 이동하기
↱ 오른쪽 ▼ 으로 90 도 ▼ 제자리 돌기
앞으로 12 cm ▼ 이동하기
↱ 오른쪽 ▼ 으로 90 도 ▼ 제자리 돌기
앞으로 12 cm ▼ 이동하기

스택 블록 코드 살펴보기❷ : 폰/태블릿과 시작 블록

초급 블록 단계의 폰/태블릿 블록에는 총 1개의 블록 코드가 있습니다. [진동 울리기] 블록 코드는 알버트 로봇이 아닌 스마트폰(스마트패드)의 진동을 울리게 합니다. 폰/태블릿 블록은 중급 블록 단계로 전환하더라도 진동 시간을 입력하는 기능만 추가되며, 다른 블록이 추가되지는 않습니다.

📱 진동 울리기   초급 블록 단계의 블록 코드로 스마트폰(스마트패드)의 진동이 울립니다.

📱 진동 ① 초 울리기   중급 블록 단계의 블록 명령어에 입력된 시간만큼 스마트폰(스마트패드)의 진동이 울립니다.

SECTION 04

교통경찰 알버트!

8세 이상

퇴근 시간의 복잡한 도로 위에서는 여러 가지 교통 문제들이 생겨납니다. 그래서 교통경찰 알버트가 출동하여 신호등 역할을 하며 멋지게 문제들을 해결하도록 하려고 합니다. 스택의 블록 코드를 이용해서 알버트가 멋진 교통경찰 역할을 하도록 코딩해 볼까요?

블록 코딩을 배워요!

🦉 목표
알버트 로봇으로 교통경찰 미션 해결하기

🦉 준비물
알버트 AI, 스마트폰(스마트패드), 스택 앱, 도로 교통 맵(부록), 교통상황 카드(부록)

🦉 주의사항
스마트폰(스마트패드)을 안전하게 두고 코딩하기

🦉 연관 교육과정
실과 [6실05-06] 생활 속에서 로봇 활용 사례를 통해 작동 원리와 활용 분야를 이해한다.
[6실04-11] 문제를 해결하는 프로그램을 만드는 과정에서 순차, 선택, 반복 등의 구조를 이해한다.

이 놀이는

스택 앱의 다양한 블록 코드를 활용하여 알버트가 멋진 교통경찰의 역할을 하도록 하는 활동이에요. 알맞은 위치까지 이동하여 알버트의 눈 LED를 켜고 끄기 위해서는 스택의 어떤 블록 코드를 사용해야 하는지 생각해 보세요. 필요한 블록 코드를 찾아 순서대로 연결하며 '순차' 구조와 알버트의 LED 기능에 대해 익힐 수 있어요.

❶ 알버트 AI, 스마트폰(스마트패드), 스택 앱, 도로 교통 맵(부록), 교통상황 카드(부록)를 준비합니다.

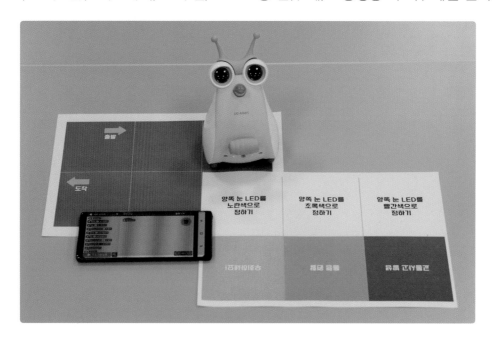

❷ 도로 교통 맵을 오려 미션을 해결할 준비를 합니다.

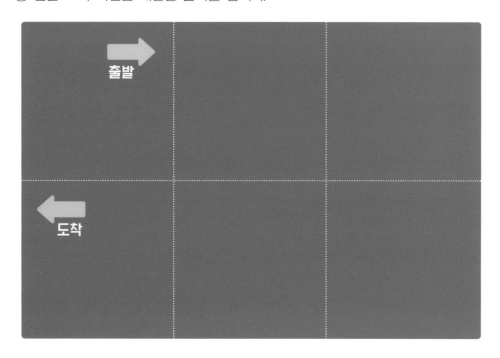

❸ 도로 교통 맵 위 원하는 위치에 교통상황 카드(1~3장 중 희망 수량만큼)를 올려놓은 후 알버트의 이동 경로를 확인합니다.

　* 카드의 뒷면에는 알버트가 수행해야 할 기능이 표시되어 있습니다.

❹ 미션을 해결하기 위해 스택 앱에서 필요한 블록 코드는 무엇인지 살펴봅니다.

　* ▼ 표시가 있는 블록 코드의 해당 부분을 누르면 펼침 메뉴가 나타납니다.

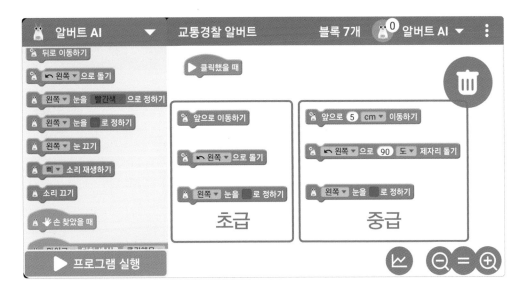

※ 5–1의 방법 또는 5–2의 방법 둘 중 하나를 선택해 블록 명령을 작성해 보세요.

5-1 [초급 블록 단계]

[앞으로 이동하기], [왼/오른쪽으로 돌기] 블록 코드를 사용하여 코딩해 봅니다. 움직임을 순서대로 생각해 보도록 합니다. 효과적인 움직임을 위해서 알버트의 기본 이동 거리를 6cm로 바꾸어 줍니다. 가려진 코드를 생각하며 문제를 해결해 봅시다.

5-2 [중급 블록 단계]

[앞으로 ( )cm 이동하기], [왼/오른쪽으로 ( )도 제자리 돌기] 블록 코드를 사용하여 코딩해 봅니다.

* 한 칸을 이동하기 위해서는 6cm를 이동해야 합니다.

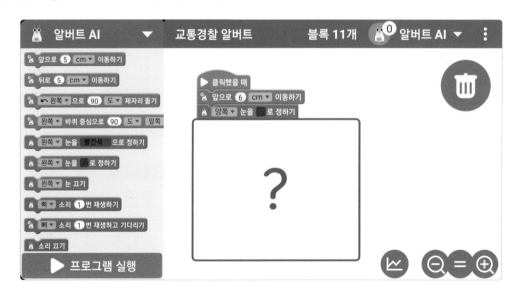

6 블록 코드 연결이 끝나면 좌측 하단의 [프로그램 실행] 버튼을 눌러 알버트가 알맞게 동작하는지 확인합니다. 잘못된 경우 블록 코드를 수정합니다.

알버트 블록 코딩 활동을 시작해요!

코드 1	코드 2

코드 1

▶ 클릭했을 때

🐧 앞으로 이동하기

🐧 양쪽 ▼ 눈을 ■ 로 정하기

🐧 앞으로 이동하기

🐧 ↱오른쪽 ▼ 으로 돌기

🐧 앞으로 이동하기

🐧 양쪽 ▼ 눈을 □ 로 정하기

🐧 ↱오른쪽 ▼ 으로 돌기

🐧 앞으로 이동하기

🐧 양쪽 ▼ 눈을 □ 로 정하기

🐧 앞으로 이동하기

코드 2

▶ 클릭했을 때

🐧 앞으로 6 cm ▼ 이동하기

🐧 양쪽 ▼ 눈을 ■ 로 정하기

🐧 앞으로 6 cm ▼ 이동하기

🐧 ↱오른쪽 ▼ 으로 90 도 ▼ 제자리 돌기

🐧 앞으로 6 cm ▼ 이동하기

🐧 양쪽 ▼ 눈을 □ 로 정하기

🐧 ↱오른쪽 ▼ 으로 90 도 ▼ 제자리 돌기

🐧 앞으로 6 cm ▼ 이동하기

🐧 양쪽 ▼ 눈을 □ 로 정하기

🐧 앞으로 6 cm ▼ 이동하기

스택 블록 코드 살펴보기❸ : 흐름 블록

초급 블록 단계의 흐름 블록에는 [( )번 반복하기]와 [⟨참⟩이 될 때까지 반복하기]의 총 2개 블록 코드가 있습니다. 흐름 블록은 블록 코드들을 제어하는 역할을 합니다. 특정한 블록 코드를 원하는 횟수만큼 반복하거나, 특정한 조건을 만족할 때까지 반복할 수 있습니다. 이 중 반복하기 블록 코드는 블록의 숫자를 줄여 효율적으로 코딩하는 데 큰 도움을 줄 수 있습니다. 중급 블록 단계로 갈수록 조건문이나 다양한 형태의 반복문 성격을 가진 블록 코드들이 생성됩니다.

포함한 블록 코드들을 입력한 횟수만큼 반복하여 실행합니다.

포함한 블록 코드들을 ⟨참⟩의 위치에 포함된 조건이 만족할 때까지 반복하여 실행합니다.

중급 블록 단계의 알버트 흐름 블록에는 [만약 ⟨ ⟩이라면], [만약 ⟨ ⟩이라면, 아니면], [⟨ ⟩이 될 때까지 반복하기], [(1)초 기다리기], [⟨ ⟩이 될 때까지 기다리기] 등 총 7개의 블록 코드가 있으며 다양한 흐름을 제어할 수 있는 코드들로 이루어져 있습니다.

만약 다음의 ⟨ ⟩에 오는 내용이 만족하느냐 하지 않느냐에 따라서 바로 아래 나오는 블록 코드 명령어가 실행되도록 합니다.

⟨ ⟩ 안의 조건이 만족할 때까지 중간 부분에 끼워진 블록 코드를 반복하여 실행합니다.

1초 또는 ⟨ ⟩ 안의 조건이 만족할 때까지 명령어 코드가 실행되지 않고 기다립니다.

불이야! 알버트 알리미!

큰일이에요! 마을에 불이 났어요! 아직 늦은 시간이라 잠을 자고 있는 사람들이 많은 것 같아요. 알버트가 마을을 돌면서 화재를 알리려고 해요! 스택의 블록 코드를 이용해서 알버트가 빠르게 사람들에게 화재경보를 알릴 수 있도록 코딩해 볼까요?

블록 코딩을 배워요!

🦉 목표
알버트 로봇으로 화재경보 알림
미션 해결하기

🦉 준비물
알버트 AI, 스마트폰(스마트패드),
스택 앱, 화재경보 맵(부록)

🦉 주의사항
스마트폰(스마트패드)을 안전하게 두고 코딩하기

🦉 연관 교육과정
실과 [6실05-06] 생활 속에서 로봇 활용 사례를
통해 작동 원리와 활용 분야를 이해한다.
[6실05-06] 문제를 해결하는 프로그램을
만드는 과정에서 순차, 선택, 반복 등의
구조를 이해한다.

이 놀이는

알버트 로봇이 마을의 곳곳을 돌며 화재경보를 알릴 수 있도록 스택 앱으로 블록 코딩을 해 보는 활동이에요. 반복되는 움직임은 없는지 확인해 보고, 어떻게 하면 적은 수의 블록 코드를 활용하여 미션을 해결할 수 있을지 생각해 보세요. 반복되는 움직임을 찾아 반복하기 블록 코드를 사용하면서 '반복' 구조에 대해 알 수 있어요.

❶ 알버트 AI, 스마트폰(스마트패드), 스택 앱, 화재경보 맵(부록)을 준비합니다.

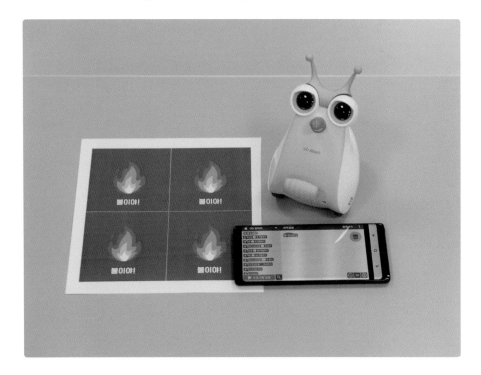

❷ 화재경보 맵을 오려 미션을 해결할 준비를 합니다.

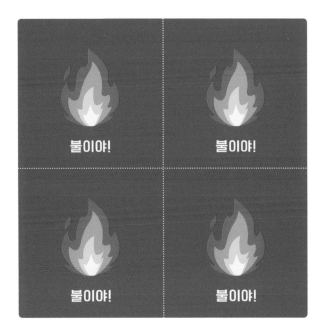

③ 미션 지도 위에 시작 지점을 정하고 시작 지점에서부터 '불이야!' 화재경보를 전하며 끝 지점까지 이동하기 위한 이동 경로를 표시합니다.

* 아래 경로는 예시입니다. 다른 경로를 그려도 좋습니다.

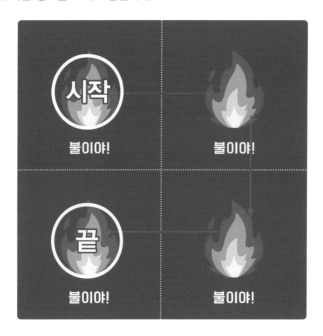

④ 미션을 해결하기 위해 스택 앱에서 필요한 블록 코드는 무엇인지 살펴봅니다. 이번 활동은 초급 블록 단계만으로 해결하도록 합니다.

* ▼ 표시가 있는 블록 코드의 해당 부분을 누르면 펼침 메뉴가 나타납니다.

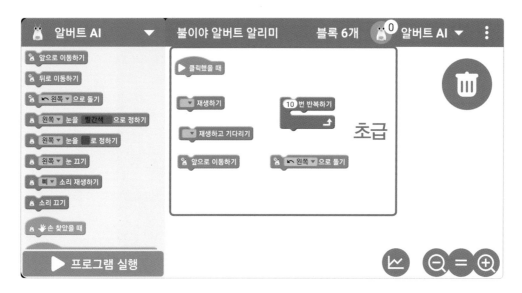

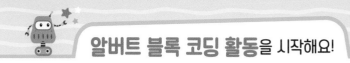

⑤ 필요한 소리를 추가하여 봅시다. 소리 블록의 [소리 추가하기] 버튼을 누릅니다. 생성된 소리 추가 창에서 [녹음하여 추가하기]를 선택합니다.

⑥ [녹음 시작] 버튼을 누르고 소리를 녹음합니다. 10초 이내의 소리만 녹음 가능하며, 소리 녹음이 끝나면 [중지] 버튼을 누릅니다.

⑦ 저장할 소리의 이름을 입력한 후 [저장] 버튼을 누릅니다. [( ) 재생하기] 블록 코드의 펼침 메뉴를 누르면 추가(녹음)한 소리를 확인할 수 있습니다.

⑧ 블록 코드를 순서대로 연결하여 보고 프로그램 실행 버튼을 눌러 봅시다. 긴 코드를 줄이기 위한 방법을 생각해 봅니다. 반복되고 있는 코드를 찾아 어떤 부분이 몇 번 반복되고 있는지 확인해 봅시다.

9 반복 블록을 포함하여 총 사용된 블록 코드의 수가 6개가 되도록 블록 코드를 연결하여 봅시다.

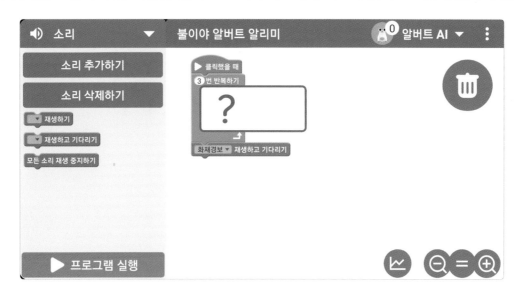

10 블록 코드 연결이 끝나면 좌측 하단의 [프로그램 실행] 버튼을 눌러 알버트가 알맞게 동작하는지 확인합니다. 잘못된 경우 블록 코드를 수정합니다.

코드 1	코드 2

코드 1

▶ 클릭했을 때
화재경보 ▼ 재생하고 기다리기
🐛 앞으로 이동하기
🐛 ↱오른쪽 ▼ 으로 돌기
화재경보 ▼ 재생하고 기다리기
🐛 앞으로 이동하기
🐛 ↱오른쪽 ▼ 으로 돌기
화재경보 ▼ 재생하고 기다리기
🐛 앞으로 이동하기
🐛 ↱오른쪽 ▼ 으로 돌기
화재경보 ▼ 재생하고 기다리기

코드 2

▶ 클릭했을 때
③ 번 반복하기
　화재경보 ▼ 재생하고 기다리기
　🐛 앞으로 이동하기
　🐛 ↱오른쪽 ▼ 으로 돌기
↵
화재경보 ▼ 재생하고 기다리기

스택 블록 코드 살펴보기❹ : 소리 블록

초급 블록 단계의 소리 블록에는 총 3개의 블록 코드가 있습니다. 소리 블록 코드를 사용할 경우 알버트가 아닌 스마트기기(태블릿, 스마트폰)에서 소리가 재생됩니다. 필요할 경우 소리를 추가(녹음)하고 저장할 수 있습니다. 이전 버전에서 소리 블록에 있었던 입력한 글자를 읽어 주는 기능(말하기)은 인공지능 블록으로 이동되었습니다.

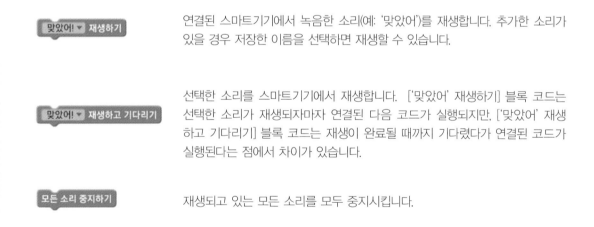

연결된 스마트기기에서 녹음한 소리(예: '맞았어')를 재생합니다. 추가한 소리가 있을 경우 저장한 이름을 선택하면 재생할 수 있습니다.

선택한 소리를 스마트기기에서 재생합니다. ['맞았어' 재생하기] 블록 코드는 선택한 소리가 재생되자마자 연결된 다음 코드가 실행되지만, ['맞았어' 재생하고 기다리기] 블록 코드는 재생이 완료될 때까지 기다렸다가 연결된 코드가 실행된다는 점에서 차이가 있습니다.

재생되고 있는 모든 소리를 모두 중지시킵니다.

SECTION 06

3단 멀리가기 선수 알버트!

8세 이상

TV를 보던 알버트가 큰 결심을 했습니다. 2020년 도쿄 올림픽에 육상 선수로 출전하기로 말이에요. 종목은 3단 멀리뛰기 아니, 멀리가기에요. 3단 멀리가기는 무작위 수 블록 코드를 이용해서 알버트가 총 3번 이동한 거리를 더해 가장 멀리 가는 기록을 측정하는 종목이에 요. 알버트가 가장 좋은 기록을 세울 수 있도록 스택의 코드로 코딩을 해 볼까요?

블록 코딩을 배워요!

🦉 목표
알버트 로봇으로 3단 멀리가기
미션 해결하기

🦉 준비물
알버트 AI, 스마트폰(스마트패드),
스택 앱, 멀리가기 경기장 맵(부록)

🦉 주의사항
스마트폰(스마트패드)을 안전하게 두고 코딩하기

🦉 연관 교육과정
실과 [6실05-06] 생활 속에서 로봇 활용 사례를
통해 작동 원리와 활용 분야를 이해한다.
[6실04-11] 문제를 해결하는 프로그램을
만드는 과정에서 순차, 선택, 반복 등의
구조를 이해한다.

이 놀이는

무작위 수를 이용한 3번의 앞으로 가기를 통해서 얼마나 많은 거리를 이동할 수 있는지 측정해 보는 활동이에요. 스택 앱으로 블록 코딩을 해 보고 친구들과 기록을 경쟁하며 즐겁게 활동할 수 있어요. 어떻게 하면 원하는 대로 알버트를 움직이게 할 수 있을지 생각해 보세요. 중급 단계의 새로운 블록 코드를 사용하면서 무작위 수에 대해 알 수 있어요.

① 알버트 AI, 스마트폰(스마트패드), 스택 앱, 멀리가기 경기장 맵(부록)을 준비합니다.

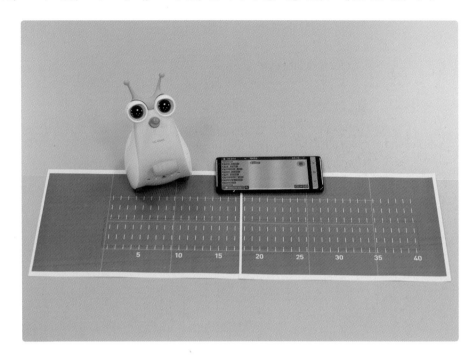

② 멀리가기 경기장 맵 1과 2를 오려 미션을 해결할 준비를 합니다.

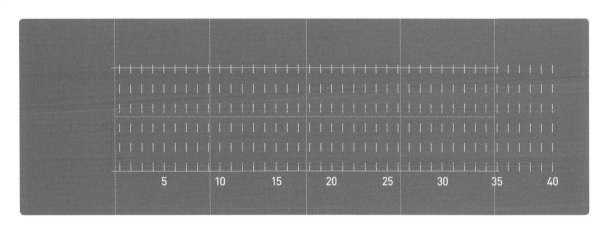

③ 미션 지도 위 시작 지점에 알버트를 올려놓고 알버트가 해야 할 움직임들을 생각해 봅니다.

④ 미션을 해결하기 위해 스택 앱에서 필요한 블록 코드는 무엇인지 살펴봅니다. 이번 활동은 중급 블록 단계를 선택한 후 시작합니다.

    * ▼ 표시가 있는 블록 코드의 해당 부분을 누르면 펼침 메뉴가 나타납니다.

❺ 흐름 영역에서 [(10)번 반복하기] 블록 코드를 가지고 와서 [클릭했을 때] 블록 코드 아래에 연결합니다. '3'을 입력하여 [(3)번 반복하기] 블록 코드로 바꾸어 줍니다.

❻ 알버트 AI 영역에서 [앞으로 (5)cm 이동하기] 블록 코드를 가지고 와서 [(3)번 반복하기] 블록 코드 안에 넣습니다.

7 연산 영역에서 [(1)부터 (10)까지의 무작위 수] 블록 코드를 가지고 와서 [앞으로 (5)cm 이동하기] 블록 코드의 빈 칸에 넣습니다. 연산 영역이 보이지 않는다면 환경 설정에서 중급 블록 단계로 설정이 되어 있는지 확인합니다.

8 블록 코드 연결이 끝나면 좌측 하단의 [프로그램 실행] 버튼을 눌러 알버트가 알맞게 동작하는지 확인합니다. 잘못된 경우 블록 코드를 수정합니다. 친구들과 함께 3단 멀리가기 알버트 게임 활동을 하면서 기록 경쟁을 해봅시다.

스택 블록 코드 살펴보기❺ : 블록 단계_중급 연산 블록

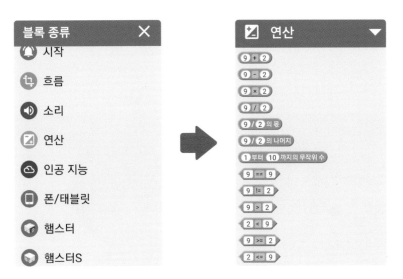

연산 영역은 중급 블록 단계에서 새롭게 생성되는 블록 코드들로 구성되어 있습니다. 연산 블록은 숫자를 활용해 셈을 하거나 비교를 하는 등의 기능을 수행합니다. 예를 들어 '나이가 5(살)보다 클 경우'라는 조건을 판단하기 위해서는 연산 영역의 블록 코드가 필요하게 됩니다. 또한 대부분의 블록 코드들은 사용자가 입력하는 값을 토대로 결과를 보여 주기 때문에 원하는 값을 정확한 위치에 입력해 주어야 합니다. 연산 블록 코드의 가운데 부호 부분을 클릭하면 다른 연산 부호로 변경할 수 있습니다. 또한 일반적으로 연산 블록은 혼자서는 쓰이는 경우가 많지 않으며 다른 블록 코드 안에 넣어서 조건을 정하는 형태로 활용됩니다.

더하기, 빼기, 나누기, 곱하기의 사칙 연산을 할 수 있는 블록 코드입니다. 4개의 다른 블록 코드처럼 보이지만 입력된 두 수 사이의 부호를 클릭하여 다른 셈으로 변경할 수 있습니다.

논리적으로 숫자들의 관계를 비교(판단)하기 위한 블록 코드입니다. (순서대로) 크거나, 작거나, 크거나 또는 같거나(이상), 작거나 또는 같거나(이하), 같다, 같지 않다 등으로 두 수를 비교할 수 있습니다.

입력한 구간 사이의 숫자 중 임의의 숫자가 나타나도록 하는 블록 코드입니다. 예를 들면 주사위를 던지는 것처럼 1~6 중의 어떤 수가 나올지는 정해져 있지 않다는 것을 의미합니다.

나눗셈의 몫 또는 나눗셈의 나머지 값을 알려 주도록 하는 블록 코드입니다. 몫이나 나머지 값을 구해야 하는 상황에서 활용할 수 있습니다.

8세 이상

알버트와 진실게임!

알버트는 영화 속에서 콜라병을 돌려 멈추었을 때 병의 입구 쪽이 가리키는 사람이 숨겨둔 비밀을 말하는 진실게임을 보았어요. 그 모습이 너무 재미있었던 알버트는 친구들과 함께 진실게임을 할 수 있도록 스스로 병의 역할을 하는 코드를 만들어 보기로 하였어요. 우리 알버트가 진실게임에서 공정하고 멋진 역할을 할 수 있도록 코딩해 볼까요?

블록 코딩을 배워요!

🦉 목표
알버트 로봇으로 진실게임 미션 해결하기

🦉 준비물
알버트 AI, 스마트폰(스마트패드), 스택 앱, 진실게임 맵(부록)

🦉 주의사항
스마트폰(스마트패드)을 안전하게 두고 코딩하기

🦉 연관 교육과정
실과 [6실05-06] 생활 속에서 로봇 활용 사례를 통해 작동 원리와 활용 분야를 이해한다.
[6실04-11] 문제를 해결하는 프로그램을 만드는 과정에서 순차, 선택, 반복 등의 구조를 이해한다.

이 놀이는

동작 감지 센서와 무작위 수 블록 코드를 이용해 알버트 로봇이 진실게임의 콜라병 역할을 할 수 있도록 코딩해 보려고 해요. 알버트가 제자리에서 무작위 수만큼 회전하여 멈추게 하려면 어떻게 해야 할지 생각해 보세요. 회전 블록 코드를 이용하여 문제를 해결하면서 무작위 수와 회전의 개념에 대해서 알 수 있어요.

❶ 알버트 AI, 스마트폰(스마트패드), 스택 앱, 진실게임 맵(부록)을 준비합니다.

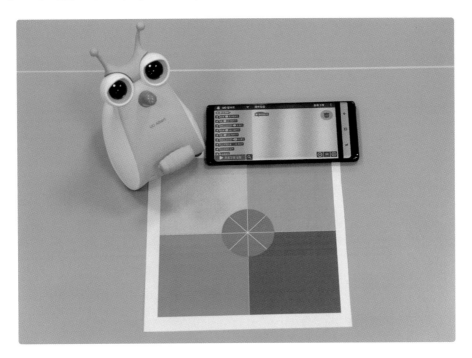

❷ 진실게임 맵을 오려 미션을 해결할 준비를 합니다.

❸ 진실게임 맵 위에 알버트를 올려놓고 알버트가 해야 할 움직임을 생각해 봅니다.

❹ 미션을 해결하기 위해 스택 앱에서 필요한 블록 코드는 무엇인지 살펴봅니다. 이번 활동은 중급 블록 단계를 선택한 후 시작합니다.

* ▼ 표시가 있는 블록 코드의 해당 부분을 누르면 펼침 메뉴가 나타납니다.

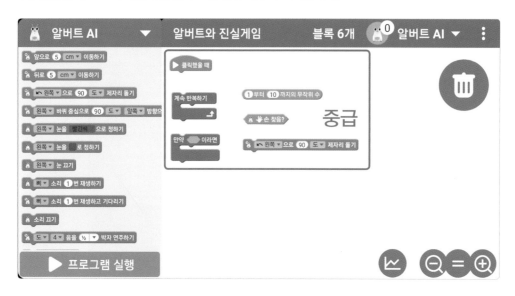

5 흐름 영역에서 [계속 반복하기] 블록 코드를 가지고 와서 [클릭했을 때] 블록 코드 아래에 연결합니다.

6 흐름 영역에서 [만약 〈참〉이라면] 블록 코드를 가지고 와서 [계속 반복하기] 블록 코드 안에 넣습니다.

7 알버트 AI 영역에서 [손 찾음?] 블록 코드를 가지고 와서 [만약 〈참〉이라면] 블록 코드 안에 넣습니다.

8 알버트 AI 영역에서 [왼쪽으로 (90)도 제자리 돌기] 블록 코드를 가지고 와서 [만약 〈손 찾음?〉이라면] 블록 안에 넣습니다.

알버트 블록 코딩 활동을 시작해요!

9 연산 영역에서 [(1)부터 (10)까지의 무작위 수] 블록 코드를 가지고 와서 [왼쪽으로 (90)도 제자리 돌기] 블록 코드의 빈칸에 넣습니다. 게임의 긴장감을 높이기 위해서 알버트가 우선 한 바퀴를 돈 후에 사람을 향하도록 하기 위해 '360'과 '719'를 순서대로 입력합니다.

10 블록 코드 연결이 끝나면 좌측 하단의 [프로그램 실행] 버튼을 눌러 알버트가 알맞게 동작하는지 확인합니다. 잘못된 경우 블록 코드를 수정합니다. 친구들과 함께 즐겁게 진실게임을 해 봅시다.

반복하기 블록 코드 살펴보기

반복하기 블록은 왜 필요할까요?

같은 행동이 여러 번 반복된다고 생각해 보세요. 예를 들어 [앞으로 한 칸 가기] 블록 코드가 10개나 연결되어 있다고 생각해 보세요. 블록 코드를 복사해서 붙여넣을 수도 있지만 번거롭고, 자칫 실수로 9개의 블록 코드만 연결할 수도 있습니다. 이처럼 똑같은 블록이 여러 번 반복되는 것을 발견했을 때 활용할 수 있는 것이 반복하기 블록 코드입니다. 이와 같은 경우 [앞으로 한 칸 가기] 블록 코드를 [10번 반복하기] 블록 코드 안에 넣어서 실행시키면 10개나 필요했던 블록 코드가 2개로 줄여지기 때문에 편리하고, 효율적인 코딩이 되었다고 말할 수 있습니다.

포함하는 코드를 원하는 횟수만큼 반복할 수 있는 블록 코드입니다. 사각형 도형을 그리기처럼 같은 동작을 일정한 횟수만큼 반복하여 코딩할 때 활용할 수 있습니다.

조건문을 활용하거나 원하는 블록 코드들을 계속 반복하여 실행시키고자 할 때 사용할 수 있는 코드입니다. [계속 반복하기] 블록 코드를 멈추는 블록 코드가 없는 한 무한하게 반복된다는 점이 특징입니다.

조건문과 관련지어 반복의 횟수를 정하는 블록 코드입니다. 예를 들어 '수학 점수가 90점을 넘을 때까지 (시험 보기를) 반복하기'라는 코드가 있을 경우 수학 점수 90점이라는 조건을 만족할 때까지 시험을 계속 보게 되는 것과 같습니다. 단, 조건을 만족하게 되는 경우 해당 반복하기가 끝이 난다는 점에서 다른 반복하기 블록들과 차이가 있습니다.

SECTION 08

생일 축하 노래를 불러 줘요!

8세 이상

알버트는 처음으로 친구의 생일파티에 초대를 받았어요. 멋진 선물을 준비하진 못했지만, 친구를 위해 생일 축하 노래를 연습해서 불러 주려고 해요. 스택 앱의 블록 코드들을 이용해서 알버트가 생일 축하 노래를 부를 수 있도록 코딩해 볼까요?

블록 코딩을 배워요!

🦉 **목표**

알버트 로봇으로 생일 축하 노래 연주하기

🦉 **준비물**

알버트 AI, 스마트폰(스마트패드), 스택 앱, 악보

🦉 **주의사항**

스마트폰(스마트패드)을 안전하게 두고 코딩하기

🦉 **연관 교육과정**

실과 [6실05-06] 생활 속에서 로봇 활용 사례를 통해 작동 원리와 활용 분야를 이해한다

[6실04-11] 문제를 해결하는 프로그램을 만드는 과정에서 순차, 선택, 반복 등의 구조를 이해한다.

이 놀이는

알버트 로봇과 스택 앱의 블록 코드를 이용하여 '생일 축하 노래'를 연주해 보려고 해요. 음악을 연주하기 위해서는 음정과 박자가 필요하다는 것을 이해해야 해요. 악보의 계이름을 보면서 어떻게 코딩해야 할지 생각해 보세요. 알버트로 '생일 축하 노래' 연주하기 활동을 하면서 음정과 박자의 개념에 대해서 알 수 있어요.

알버트 블록 코딩 활동을 시작해요!

1 알버트 AI, 스마트폰(스마트패드), 스택 앱을 준비합니다.

2 가사와 음표를 살펴보며 생일 축하 노래를 불러 봅니다.

생일 축하 노래

❸ 생일 축하 노래를 계이름으로 여러 번 불러 봅니다. 같은 음이라도 색깔에 따라 옥타브가 차이가 있는 음을 생각하며 노래를 부릅니다. 또한, 음표의 생김새를 살펴보면서 박자에 맞추어 계이름으로 노래를 부릅니다.

* 옥타브(octave)란? 모든 소리는 그 떨림에 따라 각자 고유한 영역(주파수)을 가지고 있는데, 옥타브는 이러한 주파수가 두 배 차이가 나는 음의 두 음 사이 간격을 말합니다. 예를 들어 낮은 도, 높은 도 등으로 구분하는 음은 이름은 같지만, 주파수가 달라 음의 높낮이가 다릅니다.

❹ 음악을 연주하기 위해 스택 앱에서 필요한 블록 코드는 무엇인지 살펴봅니다. 이번 활동을 위해서는 환경 설정에서 중급 블록 단계를 선택해야 합니다.

⑤ 알버트 AI 영역에서 [(도) ⑷ 음을 (½) 박자 연주하기] 블록 코드를 가지고 와서 [클릭했을 때] 블록 코드 아래에 연결합니다. 해당 블록의 앞에서부터 계이름은 '솔', 옥타브는 '4', 박자는 '1'로 바꾸어 줍니다. 그림과 같이 블록 코드를 연결하여 '생일 축하합니다'의 첫 번째 음절을 코딩합니다. 박자를 정확히 표현하기가 까다로우므로 알고 있는 리듬에 따라 임의로 부여하도록 합니다.

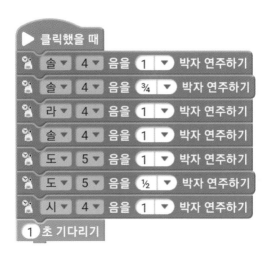

⑥ 알버트 AI 영역에서 [(도) ⑷ 음을 (½) 박자 연주하기] 블록 코드를 가지고 와서 이전까지 작성된 블록 코드 아래에 연결합니다. 해당 블록의 앞에서부터 계이름은 '솔', 옥타브는 '4', 박자는 '1'로 바꾸어 줍니다. 그림과 같이 블록 코드를 연결하여 '생일 축하합니다'의 두 번째 음절을 코딩합니다. 흐름 영역에서 [(1)초 기다리기] 블록 코드를 가져와 연결하는 이유는 쉼표의 역할을 하기 위함입니다.

❼ 비슷한 블록 코드가 반복되는 경우 복사하기를 통해 쉽게 코딩할 수 있습니다. 복사를 희망하는 블록들의 첫 번째 블록 코드를 길게 눌러 나타나는 창에서 '복사하여 붙여넣기'를 눌러 복사합니다. 생성된 블록 코드를 연결하고 알맞게 수정합니다.

❽ '사랑하는 당신의' 음절을 코딩하기 위해서 블록 코드를 연결하고 그림과 같이 수정합니다. 코드를 작성할 때에는 음, 옥타브, 박자에 유의하도록 합니다.

9️⃣ 박자를 수정할 때에는 (▼ 표시가 있는) 펼침 메뉴를 활용할 수도 있지만, 해당 숫자 부분을 클릭하여 생성되는 박자 창에서도 수정이 가능합니다.

🔟 마지막 음절인 '생일 축하합니다.' 음절을 코딩하기 위해서 블록 코드를 연결하고 그림과 같이 수정합니다. 알맞게 코딩이 되었는지 음악을 들어가며 코딩하면 더 효율적입니다.

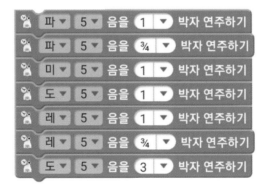

⑪ 코드 작성이 끝나면 좌측 하단의 [프로그램 실행] 버튼을 눌러 '생일 축하 노래'를 알버트가 알맞게
연주하는지 확인합니다. 잘못된 경우 블록 코드를 수정합니다.

알버트의 연주하기와 관련된 블록 코드를 이해해요!

중급 블록 단계에서는 알버트의 연주하기와 관련된 4개의 블록 코드를 지원합니다. 그중 [(음) (옥타브)음을 (박자) 박자 연주하기] 블록 코드는 실제 알버트가 연주를 하도록 하는 데 가장 중요한 역할을 합니다. 블록 코드를 연결한 후 순서대로 계이름(음), 옥타브, 박자를 선택하면 알버트의 자체 스피커에서 코딩한 대로 음을 연주하도록 하기 때문입니다.

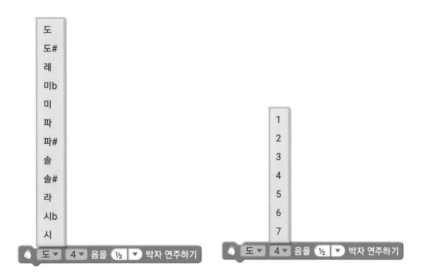

계이름(음)의 경우 '도'에서부터 '시'까지의 음을 선택할 수 있으며 피아노의 검은 건반에 해당하는 반음계도 표현할 수 있습니다. 옥타브의 경우에는 같은 음이라도 높낮이가 다른 7개 영역의 소리를 표현하도록 선택이 가능합니다. 자연스러운 연주곡 코딩을 위해서는 악보를 보고 알맞은 음을 입력하는 연습이 필요합니다.

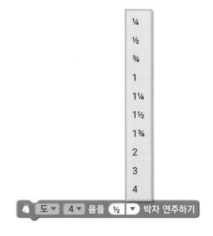

끝으로 박자를 표현할 수 있습니다. 여러 가지 음표를 표현하고 있지만, 기본적으로 4분의 4박자를 기준으로 선택할 수 있습니다. 음악을 코딩하는 경우에는 이 3가지 요소를 선택하는 가운데 오류가 생기기 쉬우므로 코딩 과정 중간마다 현재까지의 코딩한 음들을 들어가면서 활동하는 것이 효과적입니다.

8세 이상

무궁화 꽃이 피었습니다!

알버트는 집 앞 놀이터에서 재미있게 놀고 있는 친구들을 발견했어요. 무엇을 하고 있는지 한참을 살펴본 알버트는 '무궁화 꽃이 피었습니다' 놀이라는 것을 알았어요. 그리고 친구들과 함께 '무궁화 꽃이 피었습니다'를 하고 싶어졌어요. 알버트가 '무궁화 꽃이 피었습니다'의 술래 역할을 할 수 있도록 함께 코딩해 볼까요?

블록 코딩을 배워요!

🦉 목표
알버트 로봇을 '무궁화 꽃이 피었습니다'의 술래 역할하도록 하기

🦉 준비물
알버트 AI, 스마트폰(스마트패드), 스택 앱, 술래잡기 맵(부록), 풀, 캐릭터 페이퍼 크래프트 도안(부록)

🦉 주의사항
스마트폰(스마트패드)을 안전하게 두고 코딩하기

🦉 연관 교육과정
실과 [6실05-06] 생활 속에서 로봇 활용 사례를 통해 작동 원리와 활용 분야를 이해한다.
[6실04-11] 문제를 해결하는 프로그램을 만드는 과정에서 순차, 선택, 반복 등의 구조를 이해한다.

이 놀이는

알버트 로봇이 동작 감지 센서와 소리 영역의 코드를 이용해 알버트가 '무궁화 꽃이 피었습니다.' 놀이의 술래 역할을 할 수 있도록 코딩해 보는 활동이에요. 알버트가 술래의 역할을 하려면 어떤 동작을 해야 할지 생각해 보세요. 근접센서와 소리 영역의 블록 코드들을 활용하면서 알버트를 자유롭게 코딩할 수 있어요.

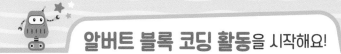

① 알버트 AI, 스마트폰(스마트패드), 스택 앱, 풀, 술래잡기 맵(부록), 캐릭터 페이퍼 크래프트 도안(부록)을 준비합니다.

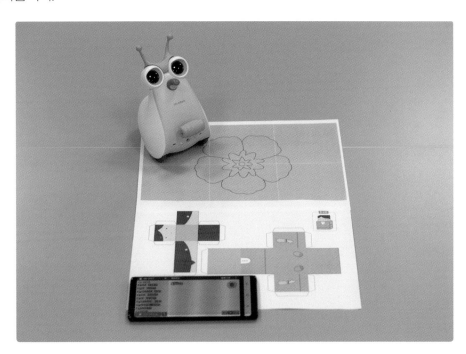

② 캐릭터 페이퍼 크래프트 도안(부록)을 오린 후, 풀로 붙여서 조립합니다.

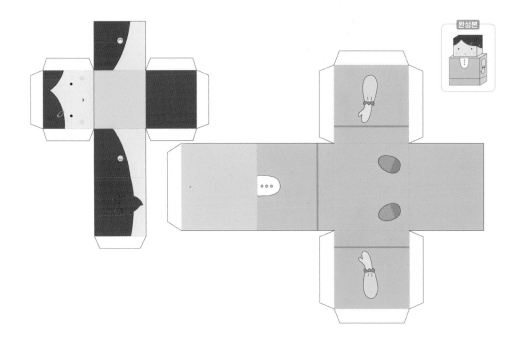

❸ 술래잡기 맵을 오려서 놀이 준비를 합니다.

❹ 술래잡기 맵 위에 알버트와 캐릭터 모형을 올려놓고, 놀이를 시작할 준비를 합니다.

5 〈무궁화 꽃이 피었습니다〉의 게임 방법을 읽고, 알버트가 어떻게 동작하는지 생각해 봅니다. 그리고 알버트가 규칙대로 동작하기 위해서는 어떻게 코딩해야 할지 생각해 봅니다.

게임 방법

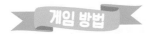

1. 알버트는 캐릭터 인형을 등지고 서서 '무궁화 꽃이 피었습니다'를 말합니다. 이때 참가자는 캐릭터 모형을 조금씩 움직일 수 있습니다.
2. 알버트는 '무궁화 꽃이 피었습니다'를 말하고, 0~2초 사이의 무작위 시간이 지난 후 양쪽 눈 LED가 붉게 변합니다. 알버트의 양쪽 눈 LED가 빨간색으로 변하면 캐릭터 모형은 움직일 수 없습니다.
3. 캐릭터 모형이 알버트의 근접 센서 가까이에 다가가면 알버트는 이를 인식하여 2초 동안 캐릭터 모형을 쫓아가고 '잡았다'라고 말을 합니다. 알버트에게 잡히지 않도록 출발선 뒤로 도망치면 게임이 종료됩니다.

6 미션을 해결하기 위해 스택 앱에서 필요한 블록 코드는 무엇인지 살펴봅니다. 이번 활동을 위해서는 환경 설정에서 중급 블록 단계를 선택해야 합니다.

＊ ▼ 표시가 있는 블록 코드의 해당 부분을 누르면 펼침 메뉴가 나타납니다.

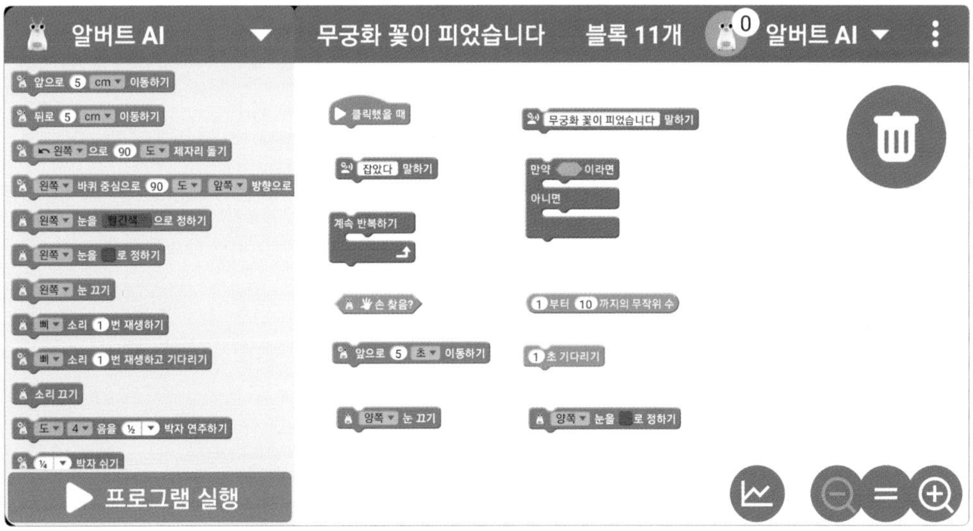

7 흐름 영역에서 [계속 반복하기] 블록 코드를 가지고 와서 [클릭했을 때] 블록 코드 아래에 연결합니다. 흐름 영역에서 [만약 ~이라면 / 아니면] 블록 코드를 가지고 와서 [계속 반복하기] 블록 코드 안에 넣습니다. 알버트 AI 영역에서 [손 찾음?] 블록 코드를 가지고 와서 [만약 ~이라면 / 아니면] 블록 코드 안에 넣습니다.

8 알버트 AI 영역에서 [앞으로 (1)초 이동하기] 블록 코드를 가지고 와서 [만약 (손 찾음?)이라면 / 아니면] 블록 코드 안에 넣고 숫자를 '2'로 바꾸어 줍니다. 인공지능 영역에서 [(안녕) 말하기] 블록 코드를 가지고 와서 [만약 (손 찾음?)이라면 / 아니면] 블록 코드 안에 넣고, 글자를 '잡았다!'로 바꾸어 줍니다.

9 인공지능 영역에서 [(안녕) 말하기] 블록 코드를 가지고 와서 [만약 (손 찾음?)이라면 / 아니면] 블록 코드 안에 넣고, 글자를 '무궁화 꽃이 피었습니다'로 바꾸어 줍니다.

10 흐름 영역에서 [(1)초 기다리기] 블록 코드를 가지고 와서 [만약 ~ 이라면 / 아니면] 블록 코드의 아래 부분에 넣습니다. 연산 영역의 [(0)부터 (9)까지의 무작위 수] 블록 코드를 가지고 와서 [(1)초 기다리기] 블록 코드 안에 넣습니다. 그리고 숫자값을 '0', '2'로 바꾸어 줍니다. 알버트 AI 영역에서 [(왼쪽) 눈을 (색깔)로 정하기] 블록 코드를 가지고 와서 [만약 ~이라면 / 아니면] 블록 코드 안에 넣습니다. 그리고 펼침 메뉴를 눌러 '양쪽 눈'으로 선택하고, 색깔을 눌러 빨간색을 선택합니다.

⓫ 흐름 영역에서 [(1)초 기다리기] 블록 코드를 가지고 와서 [(양쪽) 눈을 (빨간색)로 정하기] 블록 코드의 아래에 연결합니다. 알버트 AI 영역의 [(왼쪽) 눈 끄기] 블록 코드를 [(1)초 기다리기] 블록 코드 아래에 연결하고 펼침 메뉴를 눌러 '양쪽 눈'을 선택합니다.

⓬ 블록 코드 연결이 끝나면 좌측 하단의 [프로그램 실행] 버튼을 눌러 알버트가 알맞게 동작하는지 확인합니다. 잘못된 경우 블록 코드를 수정합니다.

스택 블록 코드 살펴보기❻ : 블록 단계_중급 흐름 블록

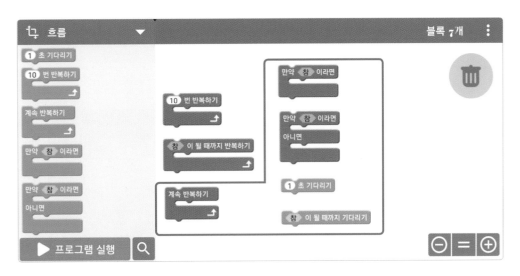

기존의 초급 블록 단계의 흐름 영역에는 2개의 블록 코드밖에 없었지만, 중급 블록 단계에서는 5개 블록 코드가 추가되어 총 7개의 블록 코드로 확장되었습니다. 기능상으로 코드를 분류해 보면 '반복하기', '기다리기', '조건 확인하기'의 3가지로 나눌 수 있습니다. 이 3가지의 기능으로 프로그램을 제어할 수 있는 매우 중요한 역할을 하는 것이 바로 흐름 블록입니다. 따라서 이를 잘 활용하면 프로그램을 보다 효율적으로 만들 수 있습니다.

스택 블록 코드 살펴보기❼ : 블록 단계_중급 인공지능 블록

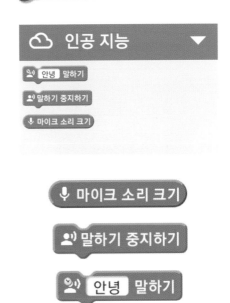

'알버트 AI'라는 이름에서도 알 수 있지만 새로운 알버트에서는 최첨단 기술인 인공지능 학습을 할 수 있도록 블록 코드를 지원하고 있습니다. 하지만 조금 어려울 수도 있는 기능이라서 중급에서는 3개의 블록 코드만을 제시하고 있습니다. 더 높은 단계에서는 다양한 인공지능 관련 블록 코드와 기능을 제공하고 있습니다.

주로 소리를 인식하고 말하기를 위한 기능입니다. 마이크는 알버트 본체에 내장되어 소리를 인식할 수 있지만 소리는 스마트 기기(스마트폰, 스마트패드)에서 재생이 됩니다. 말하기 블록 코드는 입력된 내용을 음성으로 읽어 주는 기능을 가집니다.

주사위를 던져라!

8세 이상

알버트는 스택 앱의 블록 코드를 이용해서 다양한 미션들을 수행할 수 있게 되었어요. 그래서 친구들과 함께 주사위를 던져 보드 게임 놀이를 해 보기로 했어요. 주사위를 던져 미션을 수행하고, 도착 지점까지 얼마나 빠르게 들어올 수 있는지 기록을 재어 승패를 결정하려고 해요. 빠른 시간 내에 모든 미션을 수행하고 도착 지점에 도착하도록 코딩해 볼까요?

블록 코딩을 배워요!

🦉 목표
알버트 로봇으로 미션을 해결하며
도착 지점으로 빠르게 이동하기

🦉 준비물
알버트 AI, 스마트폰(스마트패드),
스택 앱, 풀, 초시계, 주사위를 던져라
맵(부록), 주사위 전개도 도안(부록)

🦉 주의사항
스마트폰(스마트패드)을 안전하게 두고 코딩하기

🦉 연관 교육과정
실과 [6실05-06] 생활 속에서 로봇 활용 사례를
통해 작동 원리와 활용 분야를 이해한다.
[6실04-11] 문제를 해결하는 프로그램을
만드는 과정에서 순차, 선택, 반복 등의
구조를 이해한다.

이 놀이는

배웠던 블록 코드를 이용해 다양한 움직임을 수행하면서 보드 게임을 하는 활동이에요. 보드판 위에 쓰여진 미션들을 수행하려면 어떻게 해야 할지 생각해 보세요. 주사위를 던져 나오는 대로 이동하고, 보드칸에 쓰여진 미션을 수행하면서 배웠던 내용에 대해서 복습할 수 있어요.

❶ 알버트 AI, 스마트폰(스마트패드), 스택 앱, 풀, 초시계, 주사위 전개도 도안(부록), 주사위를 던져라 맵 (부록)을 준비합니다.

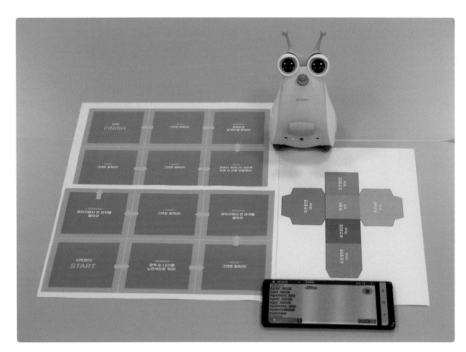

❷ 주사위 전개도 도안(부록)을 오려 접은 후, 풀로 붙여 주사위 모형을 만듭니다.

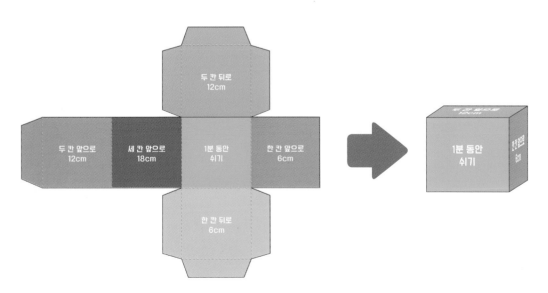

❸ 〈주사위를 던져라!〉의 게임 방법을 함께 읽고 활동 방법을 익힙니다.

1. '가위바위보'로 누가 먼저 기록을 잴 것인지 결정합니다. '가위바위보'에 진 사람은 초시계로 기록을 측정합니다.

2. 스택 앱을 실행시키고 알버트를 연결한 후 블록 코딩 준비를 합니다.

3. 주사위를 던지는 것과 동시에 초시계의 버튼을 눌러 기록을 잽니다.

4. 주사위를 던져 나오는 값만큼 알버트를 코딩하여 칸을 이동합니다.
   이때, 노란색 화살표를 따라 이동합니다.

5. 다음의 내용에 해당하는 경우 주사위를 던졌던 칸으로 되돌아갑니다.
   A. 알버트를 코딩하여 목적지(칸)에 도착하지 못한 경우
   B. 《MISSION》 칸에 도착했지만 해당 칸의 미션을 수행하지 못한 경우
   단, 〈PASS〉 칸에 도달한 경우, 추가 미션 없이 다시 주사위를 던져 게임을 진행합니다.

6. 도착 지점에 도착하는 순간 초시계의 버튼을 눌러 측정을 종료하고 자신의 기록을 적어 놓습니다.

7. 다음 사람도 동일한 방법으로 게임을 하고 결과를 측정한 후 두 사람의 기록을 비교하여 빠른 기록을 낸 사람이 승리합니다.

❹ 주사위를 던져라 맵 1과 2를 오려 연결한 후 미션을 살펴보고 시작할 준비를 합니다.

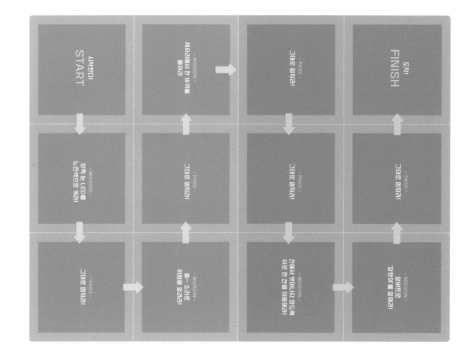

⑤ 미션을 해결하기 위해 스택 앱에서 필요한 블록 코드는 무엇인지 살펴봅니다. 이번 활동은 중급 블록 단계를 선택한 후 시작합니다.

* ▼ 표시가 있는 블록 코드의 해당 부분을 누르면 펼침 메뉴가 나타납니다.

⑥ 게임 규칙을 지키면서 〈주사위를 던져라!〉 게임을 해 봅시다.

알버트 스택 앱을 이해해요!

알버트 스택 앱은 블록 코드를 조립하여 블루투스로 연결된 알버트를 제어하는 소프트웨어입니다. 그렇다면 블록 코딩에는 정답이 있을까요? 그렇지 않습니다. 같은 문제라도 사람마다 해결하는 방법이 다를 수 있는 것처럼 코딩하는 방법도 다양하기 때문에 정답이 있다고 말할 수는 없습니다. 하지만 블록 코드가 너무 길다면 어떤 문제가 생길 수 있을까요? 너무 많은 코드를 사용하여 코딩했을 때 혹시 잘못된 부분이 있는 경우에는 어느 부분이 잘못되었는지 찾기가 어려울 수 있습니다. 하지만 짧은 코드는 잘못된 부분이 있더라도 훨씬 빨리 찾을 수 있고, 분석하기에도 편리하기 때문에 효율적입니다.

스택 앱의 오른쪽 윗부분에는 사용한 블록 코드의 숫자가 표시됩니다. 코드를 완성한 후 불필요한 코드는 없는지, 줄일 수 있는 부분은 없는지 꼼꼼히 살펴보는 습관은 효율적인 코드를 작성하는 데 도움이 됩니다.

코딩을 하다 보면 가끔 코드가 길어 한눈에 보기 어렵거나, 블록 코드의 글자가 너무 작아서 잘 보이지 않는 경우가 있습니다. 이 경우에 유용한 것이 오른쪽 아래에 있는 '+', '=', '-' 3가지 버튼입니다. '+', '-'는 화면을 확대하거나 축소하는 기능입니다. 단, 코드를 확대하거나 축소하는 경우 오른쪽 코드 조립 창뿐만 아니라 각 영역의 블록들도 함께 확대된다는 것을 기억해야 합니다. '='의 경우 처음의 비율대로 돌아가는 버튼이니 필요할 때 활용하기 바랍니다.

엔트리 코딩을 준비해요!

8세 이상

이전까지 앱으로 알버트 로봇을 움직였다면 지금부터는 컴퓨터(노트북)에서 엔트리 프로그램을 설치해 블록 코딩을 해 보려고 합니다. 먼저 엔트리 블록 코딩에 필요한 프로그램을 설치해야겠죠? 하나씩 따라 하며 엔트리 코딩을 준비해 봅시다.

블록 코딩을 배워요!

🦉 **목표**
엔트리 코딩에 필요한 프로그램을
설치하고, 사용 방법 알기

🦉 **준비물**
알버트 AI, 알버트 동글,
컴퓨터(노트북)

🦉 **주의사항**
컴퓨터(노트북) 오래 사용하지 않기

🦉 **연관 교육과정**
실과 [6실04-07] 소프트웨어가 적용된 사례를
찾아보고 우리 생활에 미치는 영향을 이해한다.
[6실05-06] 생활 속에서 로봇 활용 사례를
통해 작동 원리와 활용 분야를 이해한다.

이 놀이는

알버트 로봇을 움직이기 위해 필요한 엔트리 프로그램을 설치하고, 사용 방법을 익히는 활동이에요. 필요한 프로그램을 직접 설치하고 연결하는 방법을 알아보면서 앞으로 어떤 활동을 하게 될지 생각해 볼 수 있어요.

알버트 코딩 프로그램을 설치해요!

1 컴퓨터(노트북)를 켜고 주소 창에 'http://robotcoding.school/albert/ko/download/'를 입력합니다.

* 알버트 AI로봇을 엔트리와 연결하려면 연결을 도와주는 프로그램을 설치해야 합니다.

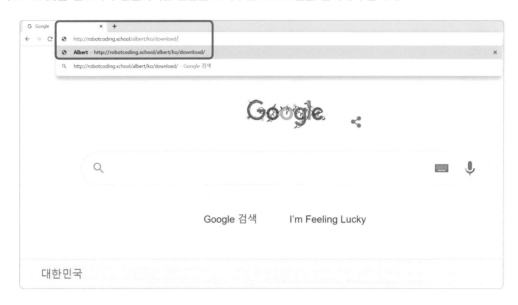

2 알버트 소프트웨어 다운로드 페이지에서 자신의 컴퓨터 또는 노트북 사양에 맞는 프로그램 설치 파일을 다운로드한 후 설치합니다.

❸ 윈도우용 알버트 코딩 소프트웨어는 "C:₩AlbertCoding" 폴더에 설치되므로 C 드라이브로 가서 알버트 코딩 폴더를 찾습니다.

❹ 설치된 알버트 코딩 프로그램을 실행하기 위해 "nw"라고 적힌 아이콘을 더블클릭합니다.

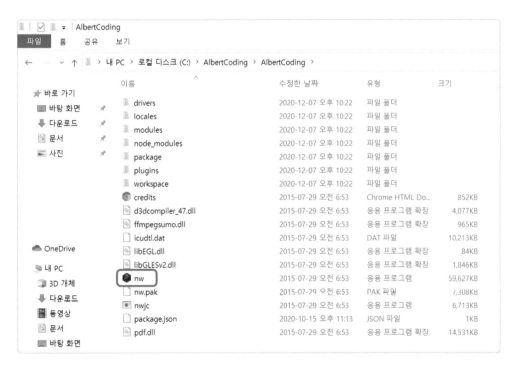

5 알버트 코딩 프로그램이 실행되면서 로봇을 자동으로 찾습니다. 이때 USB 동글을 컴퓨터(노트북)에 연결합니다.

로봇을 찾는 중이라는 메시지가 뜨면 USB 동글을 컴퓨터(노트북)에 연결하기

6 알버트 AI의 전원을 켜면 컴퓨터(노트북)와 알버트 로봇이 연결됩니다. 연결된 후 엔트리 온라인/오프라인을 클릭합니다.

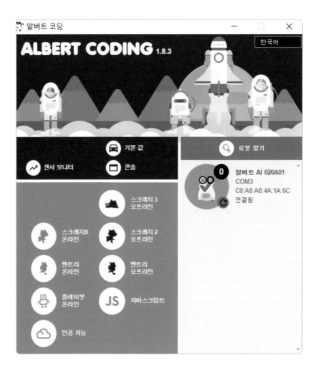

7 새 파일을 더블클릭합니다.

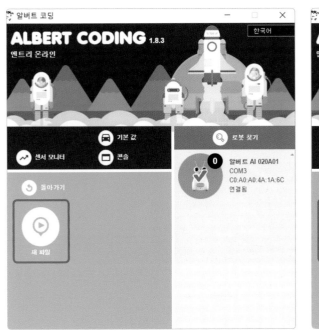

8-1 [온라인으로 연결할 경우]

인터넷 브라우저가 실행되어 엔트리 블록 코딩을 할 수 있는 창이 뜹니다. 하드웨어의 알버트 블록
코드가 보인다면 정상적으로 하드웨어가 연결된 상태입니다.

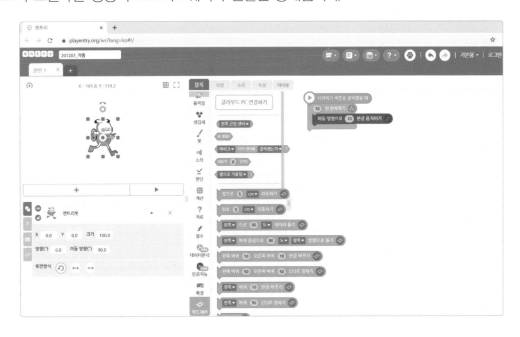

8-2 [오프라인으로 연결할 경우]

오프라인 프로그램을 설치하기 위해 엔트리 홈페이지(www.playentry.org)에 접속하여 메뉴에서 다운로드를 선택합니다.

8-3 [오프라인으로 연결할 경우]

자신의 컴퓨터 사양에 맞는 설치 파일을 다운로드하여 설치를 완료합니다.

컴퓨터(노트북)에 로봇이 연결되지 않을 때

컴퓨터(노트북)에 알버트 로봇을 연결하기 위해서는 USB 동글이 필요합니다. 그런데 동글을 꽂았음에도 연결되지 않는다면 USB 동글 드라이버가 없기 때문일 수 있습니다. USB 동글 프로그램을 다운로드받은 후 다시 연결하여 실행해 보세요.

USB 동글 드라이버 설치 :

http://www.albert.school/link/main/dongle.html

드라이버를 설치했다면 동글을 컴퓨터에 연결하고 알버트 로봇의 전원을 켠 뒤, 동글 가까이에 가져갑니다. 처음 연결할 때 알버트와 동글 간의 거리는 약 20cm 이내로 해 주는 것이 좋습니다. 알버트에서 '삑' 소리가 나고 동글의 블루투스 표시등이 파란색으로 계속 켜져 있거나 깜박이면 연결이 정상적으로 된 것입니다.

SECTION 12
알버트 피아노로 연주해요!

알버트는 맑고 고운 소리를 내는 피아노를 좋아합니다. 그리고 알버트도 피아노처럼 멋진 악기가 되어 연주하고 싶어 합니다. 키보드를 건반처럼 활용하여 명령을 내리면 알버트가 피아노처럼 연주할 수 있도록 엔트리로 블록 코드 명령을 작성하고 동요(곰 세마리)를 연주해 봅시다.

블록 코딩을 배워요!

🦉 목표
알버트 로봇을 이용해 동요 연주 미션 해결하기

🦉 준비물
알버트 AI, 알버트 동글, 컴퓨터(노트북), 악보

🦉 주의사항
컴퓨터(노트북) 오래 사용하지 않기

🦉 연관 교육과정
실과 [6실05-06] 생활 속에서 로봇 활용 사례를 통해 작동 원리와 활용 분야를 이해한다.
[6실04-09] 프로그래밍 도구를 사용하여 기초적인 프로그래밍 과정을 체험한다.
[6실04-11] 문제를 해결하는 프로그램을 만드는 과정에서 순차, 선택, 반복 등의 구조를 이해한다.

이 놀이는

알버트 로봇의 연주하기 기능과 키보드를 연동하여 피아노처럼 연주하도록 코딩하고, 동요(곰 세마리)를 직접 연주해 보는 활동이에요. 코딩을 통해 악기를 만들고 직접 연주해 볼 수 있어요.

1 알버트 AI, 알버트 동글, 컴퓨터(노트북)를 준비합니다.

2 연주할 곰 세마리 악보를 준비합니다.

❸ 알버트 코딩 프로그램을 실행한 뒤 알버트 로봇을 연결하고, 엔트리 오프라인을 클릭 후 새 파일을 더블클릭합니다.

❹ 오프라인 버전의 엔트리가 실행되면 하드웨어 영역에 알버트를 움직일 수 있는 블록 명령들을 볼 수 있습니다.

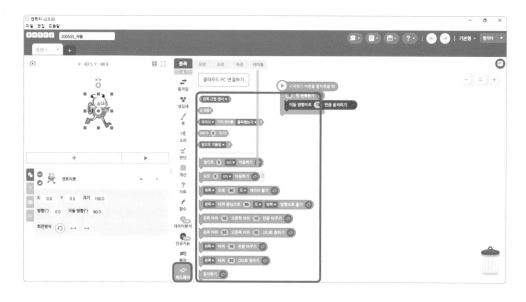

⑤ 키보드 Ⓐ와 알버트의 '도'음 연주를 연결하기 위해 시작의 《ⓐ 키를 눌렀을 때》 블록과 하드웨어의 《〈도〉〈4〉음을 〈0.5〉 박자 연주하기》 블록을 연결합니다. 마찬가지로 '레', '미', '파'음을 연결하기 위해 그림과 같이 코딩합니다.

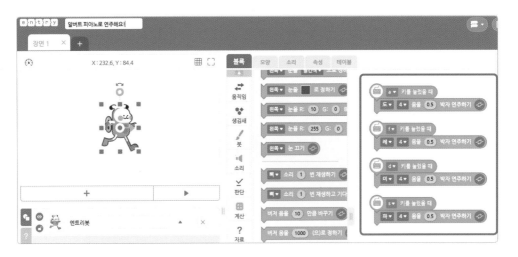

⑥ '솔', '라', '시'음을 앞에서와 같은 방법으로 코딩합니다. 이름은 같지만 1 옥타브가 더 높은 '도'음을 연결하기 위해 시작의 《〈k〉 키를 눌렀을 때》 블록과 하드웨어의 《〈도〉〈5〉음을 〈0.5〉 박자 연주하기》 블록을 연결합니다.

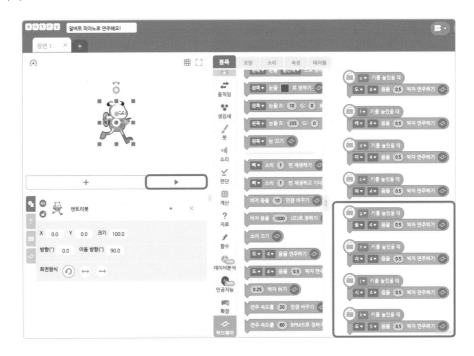

7 [시작하기] 버튼을 클릭한 후 키보드의 키와 음계가 잘 연결되었는지 확인합니다. 이상이 없으면 〈곰 세 마리〉 악보를 보고 알버트 피아노로 연주해 봅시다.

코딩, 더 나아가기 : 반음을 추가해요!

피아노의 건반은 흰색 건반과 검은색 건반으로 나뉩니다. 검은색 건반은 반음을 올리거나 내린 음들로 구성되어 있습니다. 다양한 악곡을 연주하기 위해서는 검은색 건반도 반드시 필요합니다. 이미 코딩한 음계에 이어 피아노의 검은색 건반음(반음)을 추가하려면 어떻게 해야 할까요? 키보드와 건반의 모양을 보고 생각한 후 코딩을 해 봅시다.

어떻게 동작하나요?

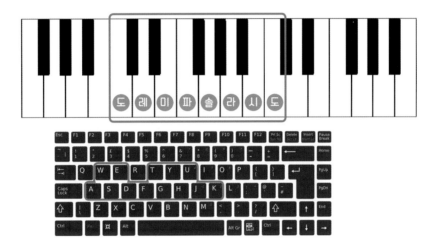

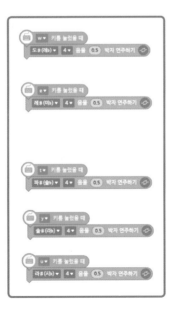

반음을 추가로 코딩하기 위해서 기존에 연결한 키보드 윗줄의 W, E, T, Y, U에 각각의 반음을 연결합니다. 그림과 같이 시작의 블록 명령어와 하드웨어의 《(음이름)(4)음을 (0.5) 박자 연주하기》 블록을 연결합니다.

눈을 치워요!

8세 이상

많은 눈이 내려서 도로를 막고 있는 눈덩이들이 있습니다. 직접 나가서 치울 수 없기 때문에 알버트를 원격 조종하여 눈을 치우려고 합니다. 키보드를 이용하여 명령을 내리면 알버트가 해당 방향으로 움직이도록 엔트리 코딩을 해 봅시다.

블록 코딩을 배워요!

🦉 목표
알버트 로봇을 원격 조종하여
눈덩이를 치우는 미션 해결하기

🦉 준비물
알버트 AI, 알버트 동글,
컴퓨터(노트북), 밀대,
눈 내리는 마을 맵(부록),
눈덩이 도안(부록), 풀

🦉 주의사항
컴퓨터(노트북) 오래 사용하지 않기

🦉 연관 교육과정
실과 [6실05-06] 생활 속에서 로봇 활용 사례를 통해 작동 원리와 활용 분야를 이해한다.
[6실04-09] 프로그래밍 도구를 사용하여 기초적인 프로그래밍 과정을 체험한다.
[6실04-11] 문제를 해결하는 프로그램을 만드는 과정에서 순차, 선택, 반복 등의 구조를 이해한다.

이 놀이는

키보드를 이용하여 알버트 로봇을 원격 조종하도록 코딩을 하고, 눈 내린 마을 맵 위의 눈덩이를 치우도록 조작해 보는 활동이에요. 각 키보드의 키와 알버트의 움직임이 연결되도록 코딩을 할 수 있어요.

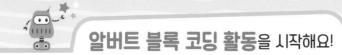

❶ 알버트 AI, 알버트 동글, 컴퓨터(노트북), 눈 내리는 마을 맵(부록), 눈덩이 도안(부록), 풀을 준비합니다. 눈덩이 도안(부록)을 오린 후 풀로 붙여서 조립합니다.

❷ 알버트 코딩 프로그램을 실행한 뒤 알버트 로봇을 연결하고, 엔트리 오프라인을 클릭 후 새 파일을 더블클릭합니다.

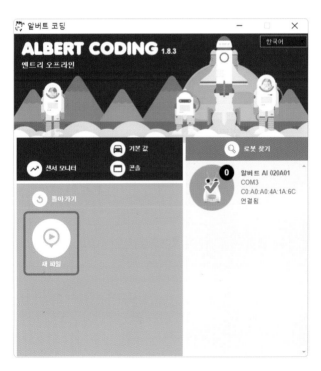

❸ 오프라인 버전의 엔트리가 실행되면 하드웨어 영역에 알버트를 움직일 수 있는 블록 명령들을 볼 수 있습니다.

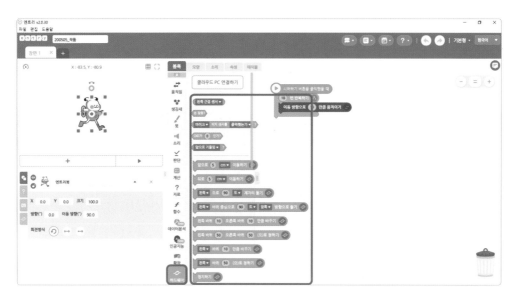

❹ 키보드의 키와 알버트의 움직임이 연결되도록 하기 위해서 코딩을 합니다. 위쪽 화살표 키를 누르면 알버트가 앞으로 움직이도록 하기 위해 시작의 《위쪽 화살표》 키를 눌렀을 때〉 블록과 하드웨어의 〈앞으로 (5)cm 이동하기〉 블록을 연결합니다. 마찬가지로 아래쪽 화살표 키를 누르면 알버트가 뒤로 움직이도록 하기 위해 시작의 《아래쪽 화살표》 키를 눌렀을 때〉 블록과 하드웨어의 〈뒤로 (5)cm 이동하기〉 블록을 연결합니다. 이를 반복 블록 명령어로 연결하면 그림과 같습니다.

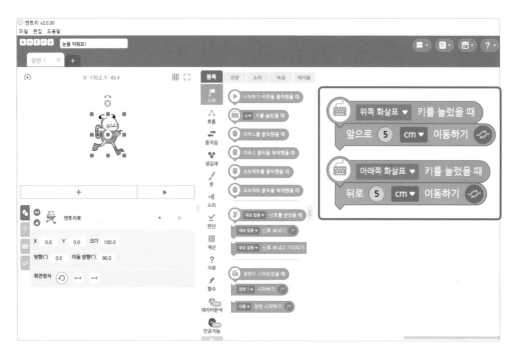

5 알버트가 방향을 전환하도록 제자리에서 돌기를 코딩합니다. 왼쪽 화살표 키를 누르면 알버트가 왼쪽으로 90도 회전하도록 하기 위해 시작의 《왼쪽 화살표) 키를 눌렀을 때》 블록과 하드웨어의 《(왼쪽)으로 (90)도 제자리 돌기》 블록을 연결합니다. 마찬가지로 오른쪽으로 회전하도록 하기 위해 시작의 《(오른쪽 화살표) 키를 눌렀을 때》 블록과 하드웨어의 《(오른쪽)으로 (90)도 제자리 돌기》 블록을 연결합니다.

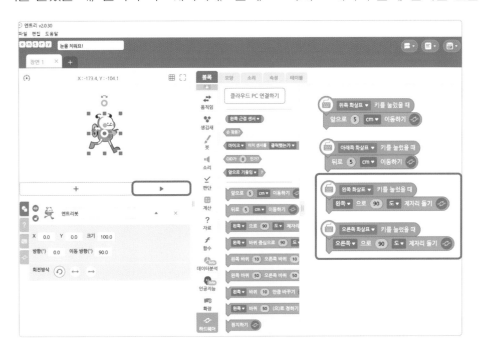

6 [시작하기] 버튼을 클릭한 후 방향키와 알버트의 움직임이 원활하게 연결되었는지 확인합니다. 밀대를 알버트의 앞 홈에 꽂고, 눈 내리는 마을 맵 위에 눈덩이를 올려놓은 후 방향키로 원격 조종하여 눈을 치워 봅니다.

코딩, 더 나아가기 : 위험을 알리는 경적을 추가해요!

눈을 치우는 도중에도 갑작스러운 위기 상황이 생겨날 수 있습니다. 예를 들면 밀대로 눈을 치우는 도중 갑자기 동물이나 사람이 나타나서 사고가 날 수 있는 것처럼 말입니다. 그래서 주변에 경적을 알릴 수 있으면 매우 유용할 것 같습니다. 어떻게 하면 경적 소리를 추가할 수 있을지 생각해 봅시다. 그리고 또 어떤 움직임을 추가하면 좋을지 생각해 봅시다.

어떻게 동작하나요?

키보드의 Space Bar 를 누르면 알버트가 삐 소리를 내며 위험을 알립니다.

눈을 치우는 중 위험한 상황을 다른 사람들에게 알리기 위한 경적 기능을 추가하기 위해, 시작의 《(스페이스) 키를 눌렀을 때》 블록과 하드웨어의 《(삐) 소리 (1)번 재생하기》 블록을 연결합니다.

SECTION 14

군인이 된 알버트!

8세 이상

좌향 좌! 우향 우! 뒤로 돌아! TV 속에서 힘든 훈련도 척척 해내는 군인 아저씨의 모습을 보고 알버트는 군인이 되기로 마음 먹었습니다. 그래서 센서를 통해 명령을 받으면 그대로 알버트가 동작하도록 해 보려고 합니다. 어떻게 해야 할지 생각해 보고 엔트리로 블록 코드 명령을 작성해 해결해 봅시다.

블록 코딩을 배워요!

🦉 목표
알버트 로봇의 센서를 이용한 명령을 수행하는 미션 해결하기

🦉 준비물
알버트 AI, 알버트 동글, 컴퓨터(노트북)

🦉 주의사항
컴퓨터(노트북) 오래 사용하지 않기

🦉 연관 교육과정

실과 [6실05-06] 생활 속에서 로봇 활용 사례를 통해 작동 원리와 활용 분야를 이해한다.
[6실04-09] 프로그래밍 도구를 사용하여 기초적인 프로그래밍 과정을 체험한다.
[6실04-11] 문제를 해결하는 프로그램을 만드는 과정에서 순차, 선택, 반복 등의 구조를 이해한다.

이 놀이는

알버트 로봇의 여러 가지 센서를 활용하여 명령을 내리고, 약속된 동작을 할 수 있도록 엔트리 블록 코딩을 해 보는 활동이에요. 각 센서별로 명령을 약속하고 수행하도록 방법을 생각해 보고, 필요한 블록 코드 명령을 찾아 연결하며 '입력과 출력' 구조에 대해 알 수 있어요.

❶ 알버트 AI, 알버트 동글, 컴퓨터(노트북)를 준비합니다.

❷ 알버트 코딩 프로그램을 실행한 뒤 알버트 로봇을 연결하고, 엔트리 오프라인을 클릭 후 새 파일을 더블클릭합니다.

❸ 오프라인 버전의 엔트리가 실행되면 하드웨어 영역에 알버트를 움직일 수 있는 블록 명령들을 볼 수 있습니다.

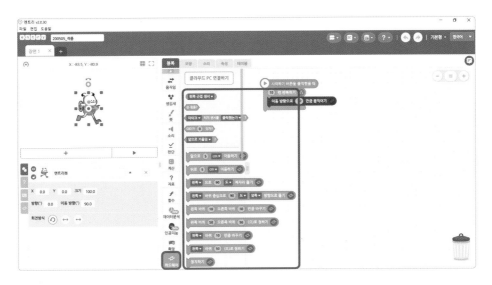

❹ 군인 아저씨가 왼쪽 또는 오른쪽으로 회전하는 것처럼, 알버트도 양쪽 근접 센서에 손을 가까이 가져가면 그쪽 방향으로 90도만큼 회전하도록 하고자 합니다. 명령과 실행을 계속 반복하도록 하기 위해 흐름의 〈만일 (참) 이라면〉 블록을 〈계속 반복하기〉 블록 안에 넣고, 판단의 《(0)=(0)》 블록에 하드웨어의 〈왼쪽 근접 센서〉 블록과 숫자 '20'을 넣은 후 그림과 같이 끌어다 넣습니다. 그리고 왼쪽 근접 센서 값을 만족하면 왼쪽으로 90도 회전하도록 하드웨어의 《〈왼쪽〉으로 (90)도 제자리 돌기〉 블록을 연결합니다. 같은 방법으로 오른쪽으로 회전하도록 블록 명령어를 연결합니다. 이를 연결하면 그림과 같습니다.

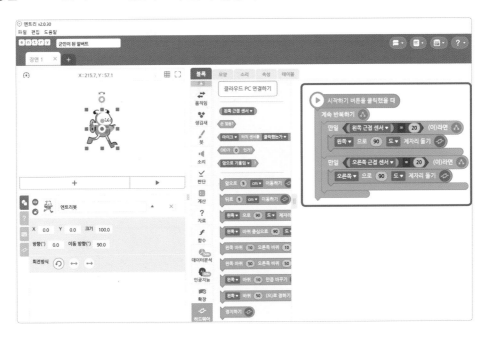

5 군인 아저씨가 자신보다 계급이 높은 사람이 이름을 부르면 자신의 이름을 이야기하는 것처럼 알버트도 로봇소리로 대답하도록 하기 위해 그림 속의 코드와 같이 연결합니다. 〈마이크 터치〉, 《로봇》 소리 (1)번 재생하고 기다리기〉 블록으로 바꾸기 위해서는 펼침 메뉴(▼)를 눌러 선택해야 합니다.

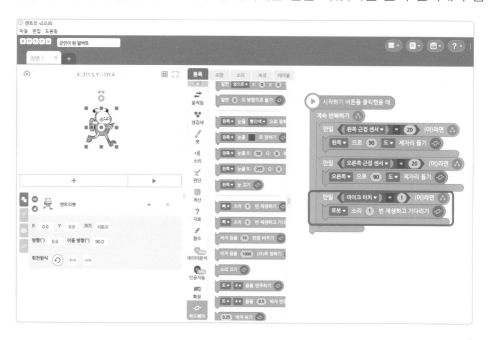

6 [시작하기] 버튼을 클릭한 후 왼쪽/오른쪽 근접 센서 및 터치 센서를 활용한 알버트 동작 명령이 잘 이루어지는지 살펴봅니다. 혹시 오류가 있다면 블록 명령어를 수정해 봅시다.

코딩, 더 나아가기 : 새로운 동작을 할 수 있도록 명령을 추가해요!

현재 알버트는 3가지 동작을 훈련할 수 있습니다. 하지만 멋진 군인이 되기 위해서는 훨씬 더 많은 동작을 수행할 수 있어야 합니다. 새로운 명령을 추가하기 위해 활용할 수 있는 센서는 무엇이 있는지 생각해 봅시다. 그리고 어떤 움직임을 추가할 수 있을지 생각해 봅시다.

어떻게 동작하나요?

알버트의 밝기 센서를 가리면 왼쪽 또는 오른쪽으로 180도 제자리 돌기를 하는 뒤로 돌아 명령을 수행할 수 있습니다.

〈만일 (참) 이라면〉 블록에 판단의 《(0)=(0)》 블록 안에 하드웨어의 〈밝기〉 블록을 연결한 후 그림과 같이 끌어다 넣습니다. 그리고 하드웨어의 〈오른쪽(또는 왼쪽)으로 (180)도 제자리 돌기〉 블록을 연결합니다.

SECTION 15

알버트는 신호등!

8세 이상

차가 지나는 횡단보도 앞 신호등이 고장이 났습니다. 신호등을 수리할 때까지 알버트가 신호등의 역할을 대신해 주려고 합니다. 사람들이 알버트의 터치 센서를 누르면 신호가 바뀌도록 하려고 합니다. 어떻게 해야 할지 생각해 보고 엔트리로 블록 코드 명령을 작성해 해결해 봅시다.

블록 코딩을 배워요!

🦉 **목표**

알버트 로봇으로 신호등 역할 미션 해결하기

🦉 **준비물**

알버트 AI, 알버트 동글, 컴퓨터(노트북)

🦉 **주의사항**

컴퓨터(노트북) 오래 사용하지 않기

🦉 **연관 교육과정**

실과 [6실05-06] 생활 속에서 로봇 활용 사례를 통해 작동 원리와 활용 분야를 이해한다.
[6실04-09] 프로그래밍 도구를 사용하여 기초적인 프로그래밍 과정을 체험한다.
[6실04-11] 문제를 해결하는 프로그램을 만드는 과정에서 순차, 선택, 반복 등의 구조를 이해한다.

이 놀이는

터치 센서로 알버트가 눈의 색깔을 바꾸면서 신호등의 역할을 할 수 있도록 여러분이 직접 엔트리 블록 코딩을 해 보는 활동이에요. 횡단보도의 빨간색 신호가 보행자가 버튼을 누르면 잠시 후 초록색 신호로 바뀌어도 다시 빨간색으로 바뀌는 과정을 잘 생각해 보고, 필요한 블록 코드 명령을 찾아 연결하며 '반복' 구조에 대해 알 수 있어요.

① 알버트 AI, 알버트 동글, 컴퓨터(노트북)를 준비합니다.

② 알버트 코딩 프로그램을 실행한 뒤 알버트 로봇을 연결하고, 엔트리 오프라인을 클릭 후 새 파일을 더블클릭합니다.

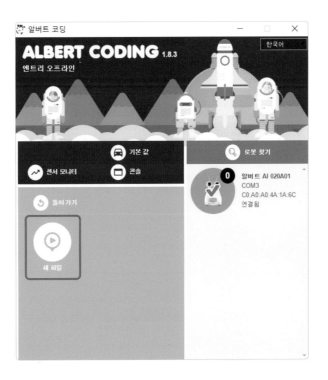

❸ 오프라인 버전의 엔트리가 실행되면 하드웨어 영역에 알버트를 움직일 수 있는 블록 명령들을 볼 수 있습니다.

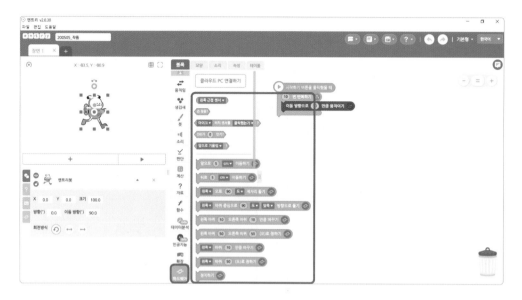

❹ 보행자가 버튼을 누르기 전에는 알버트가 양쪽 눈을 빨간색을 나타내고 있도록 흐름의 〈계속 반복 하기〉 블록 속에 《(양쪽) 눈을 (빨간색)으로 정하기》 블록을 넣습니다. 이를 블록 명령어로 연결하면 그림과 같습니다.

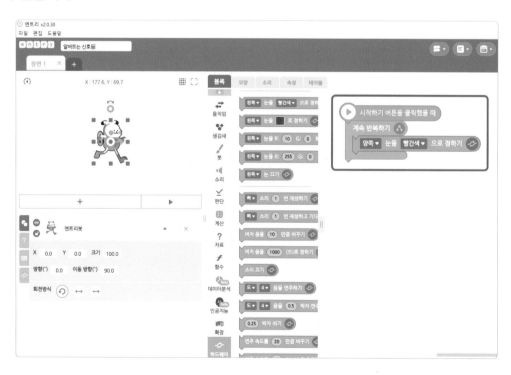

⑤ 알버트의 마이크 터치 센서를 누르면 2초 뒤에 사이렌 소리와 함께 알버트의 양쪽 눈(LED)이 초록색으로 바뀌어 10초 동안 유지되도록 블록 코드를 그림과 같이 연결합니다.

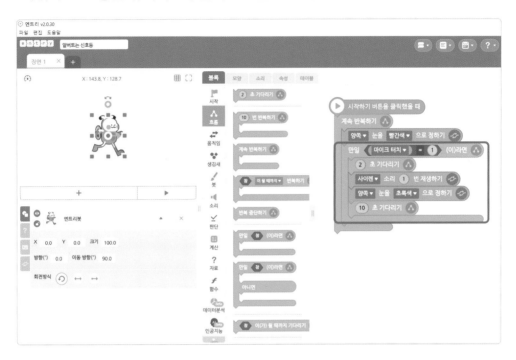

⑥ [시작하기] 버튼을 클릭한 후 마이크 터치 센서를 활용한 알버트 신호등이 잘 작동하는지 살펴봅니다. 혹시 오류가 있다면 블록 명령어를 수정하여 봅시다.

코딩, 더 나아가기 : 신호가 바뀌는 것을 미리 알려 줘요!

횡단보도의 신호등이 바뀔 때는 어떤 모습인지 생각해 봅시다. 먼저 초록색 신호가 끝나기 몇 초 전부터 초록색 신호가 깜빡이고, 경고음을 통해 곧 신호가 바뀐다는 것을 알려 줍니다. 이처럼 실제 신호등과 유사하게 코딩을 하려면 어떻게 해야 할지 생각해 봅시다.

어떻게 동작하나요?
알버트 신호등은 초록색으로 바뀌고 난 후 5초가 지나면, 양쪽 눈을 끄고 0.5초를 기다렸다가 '삐' 소리를 재생하고, 다시 양쪽 눈을 초록색으로 바꾼 뒤 0.5초간 기다리는 과정을 5번 반복합니다. 이 과정은 실제로 알버트 신호등이 곧 바뀌는 신호를 미리 알려 주기 위해 깜빡거리며 경고음을 내는 것처럼 보입니다.

알버트의 녹색 신호가 깜빡이며 경고음을 내는 것처럼 보이도록 하드웨어의 《(양쪽) 눈 끄기》 블록, 흐름의 《(0.5)초 기다리기》 블록, 하드웨어의 《(삐) 소리 (1)번 재생하기》, 《(양쪽) 눈을 (초록색)으로 정하기》 블록과 다시 흐름의 《(0.5)초 기다리기》 블록을 순서대로 연결한 후 흐름의 《(5)번 반복하기》 블록 속에 넣고 그림과 같이 《(5)초 기다리기》 블록 아래에 연결합니다.

알버트 퀴즈도사!

우리는 알버트의 음성인식 기능을 이용해서 미리 입력해 놓은 내용과 비교해 정답인지 아닌지 알려 주도록 만들 수 있어요. 퀴즈 맞추기처럼 말이에요. 알버트와 함께 퀴즈 게임을 위한 프로그램을 만들어 볼까요?

로봇과 AI 놀이를 해요!

목표
알버트 로봇의 음성인식 기능과 LED를 이용해 정답 여부 알려 주도록 만들기

준비물
알버트 AI, 스마트폰(스마트패드), 스택 앱

주의사항
정답을 음성으로 말할 때 발음 정확하게 하기

연관 교육과정
6학년실과 [6실05-06] 생활 속에서 로봇 활용 사례를 통해 작동 원리와 활용 분야를 이해한다.

이 놀이는

알버트 로봇의 음성인식 기능을 활용해 입력된 값에 따른 정답 여부를 음성과 LED를 이용해서 안내해 줄 수 있도록 만들어 보는 활동이에요. 미래 핵심 기술 중의 하나인 인공지능이 발달하기 위해서는 로봇이나 컴퓨터가 활용할 수 있는 많은 정보, 즉 빅데이터 기술이 필요해요. 이번 알버트 AI 놀이를 통해 잠시 빅데이터에 대해 생각해 보는 시간을 가질 수 있어요.

1 알버트 AI, 스마트폰(스마트패드), 스택 앱을 준비해요.

2 만들어야 하는 〈알버트 퀴즈도사!〉 프로그램이 어떤 내용인지 실행 내용을 살펴보면서 생각해 보세요.

1. 프로그램이 실행되면 알버트(스마트폰)가 준비한 퀴즈 문제를 말하도록 합니다.

2. 문제를 푸는 사람이 답을 이야기하도록 합니다.

3. 응답 내용이 정답인 경우 알버트가 양쪽 눈 LED를 초록색으로 1초 동안 켠 후 '정답이에요.'를 말하고 퀴즈 프로그램이 종료됩니다.

4. 응답 내용이 틀린 경우 알버트가 양쪽 눈 LED를 빨간색으로 1초 동안 켠 후 '틀렸어요.'라고 말하도록 하고 계속해서 문제를 말하도록 합니다.

❸ 프로그램을 만들기 위해 스택 앱에서 필요한 블록 코드는 무엇인지 살펴봅니다. 이번 활동은 고급 블록 단계로 해결해야 합니다. 환경 설정을 열어 블록 단계를 변경해 줍니다.

* 일부 블록 안의 숫자 또는 문자값은 프로그램의 이해를 위해 미리 입력하였습니다.

❹ [클릭했을 때] 블록 코드 아래에 흐름 영역에서 [계속 반복하기] 블록 코드를 연결하고 그 안에 인공 지능 영역에서 [(안녕) 말하기] 블록 코드를 넣은 후 '많이 먹어도 배부르지 않은 것은?'(준비한 퀴즈 문제)을 입력합니다.

⑤ 알버트가 음성인식을 준비할 수 있도록 블록 코드를 연결해 봅니다. 인공지능 영역에서 [음성 인식하기] 블록 코드를 연결합니다.

```
▶ 클릭했을 때
계속 반복하기
    🔊 많이 먹어도 배부르지 않은 것은? 말하기
    🎤 음성 인식하기
```

⑥ 알버트가 입력되는 음성 명령을 정답인지 아닌지 판단할 수 있도록 블록 코드를 연결해 봅니다. 흐름 영역에서 [만약 〈참〉이라면 / 아니면] 블록 코드를 가져와 연결하고, 〈참〉 속에 《(왼) == (오)》를 넣습니다. 왼쪽에는 인공지능 영역의 [음성 인식 결과] 블록 코드를 넣고 오른쪽에는 퀴즈의 정답('나이')을 써넣습니다.

```
▶ 클릭했을 때
계속 반복하기
    🔊 많이 먹어도 배부르지 않은 것은? 말하기
    🎤 음성 인식하기
    만약  🎤 음성 인식 결과 == 나이  이라면

    아니면

```

⑦ 응답한 결과가 정답인 경우 알버트와 스마트폰에서 정답 안내가 이루어지도록 합니다. 알버트 AI 영역에서 [(양쪽) 눈을 (초록색)로 정하기] 블록 코드를 연결하고, 흐름 영역에서 [1초 기다리기] 블록 코드를 연결합니다. 다음 인공지능 영역에서 [(안녕) 말하기] 블록 코드를 연결한 후 '정답이에요'를 입력합니다. 다음으로 문제의 정답을 맞혔으므로, 더는 묻지 않고 프로그램이 종료되도록 흐름 영역에서 [모두 중지하기] 블록 코드를 연결합니다.

⑧ 응답한 결과가 정답이 아닌 경우 안내와 다시 묻기가 이루어지도록 합니다. 알버트 AI 영역에서 [(양쪽) 눈을 (빨간색)로 정하기] 블록 코드를 연결하고, 흐름 영역에서 [1초 기다리기]를 연결합니다. 다음 인공지능 영역에서 [(안녕) 말하기] 블록 코드를 연결한 후 '틀렸어요'를 입력합니다.

9 블록 코드 연결이 끝나면 좌측 하단의 [프로그램 실행] 버튼을 눌러 알버트가 알맞게 동작하는지 확인합니다. 잘못된 경우 블록 코드를 수정합니다.

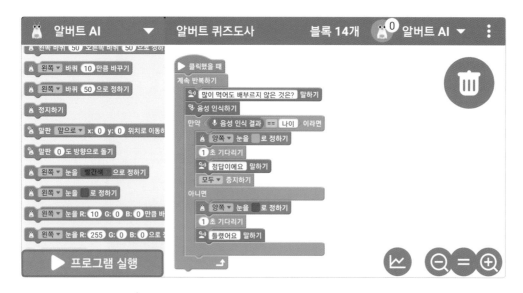

SECTION 17

알버트는 멋진 주사위

알버트 로봇의 음성인식 기능 참 신기하고 재미있죠? 우리는 음성을 이용해서 알버트를 여러 가지로 활용할 수 있어요. 이번에는 알버트와 음성인식 기능을 이용해 친구들이랑 게임을 할 때 많이 사용하는 멋진 주사위를 만들어 볼까요?

로봇과 AI 놀이를 해요!

🦉 목표
음성인식 기능과 무작위 수를 이용해 알버트 주사위 만들기

🦉 준비물
알버트 AI, 스마트폰(스마트패드), 스택 앱

🦉 주의사항
음성 명령을 내릴 때 발음 정확하게 하기

🦉 연관 교육과정
6학년실과 [6실05-06] 생활 속에서 로봇 활용 사례를 통해 작동 원리와 활용 분야를 이해한다.

이 놀이는

알버트 로봇의 음성인식 기능을 활용해 목소리로 명령을 내려 알버트가 주사위처럼 1부터 6까지의 숫자 중 무작위의 수를 말하도록 함으로써 인공지능 로봇의 기초를 익힐 수 있는 활동이에요. 이 활동을 통해 음성인식 기능과 무작위 수를 활용한 알고리즘을 이해하고 다양한 방법으로 적용할 수 있어요.

❶ 알버트 AI, 스마트폰(스마트패드), 스택 앱을 준비해요.

❷ 만들어야 하는 〈알버트는 멋진 주사위 프로그램〉이 어떤 내용인지 실행 내용을 살펴보면서 생각해 보세요.

알버트는 멋진 주사위 프로그램

1. "스타트"라고 하는 음성 명령을 인식하면 프로그램이 실행됩니다.
2. 긴장감을 위해 알버트의 '빨간색–초록색–파란색' LED가 0.1초 간격으로 10번 반복되어 깜박입니다.
3. 알버트(스마트폰)가 1~6의 숫자 중에서 무작위로 1개의 숫자를 말합니다.
4. "스타트"를 말하면 계속해서 위의 과정이 반복되어 주사위처럼 활용할 수 있습니다.

❸ 프로그램을 만들기 위해 스택 앱에서 필요한 블록 코드는 무엇인지 살펴봅니다. 이번 활동은 고급 블록 단계로 해결해야 합니다. 환경 설정을 열어 블록 단계를 변경해 줍니다.

* 일부 블록 안의 숫자 또는 문자값은 프로그램의 이해를 위해 미리 입력하였습니다.

❹ 알버트가 음성인식을 준비할 수 있도록 블록 코드를 연결해 봅니다. [클릭했을 때] 블록 코드 아래에 흐름 영역에서 [계속 반복하기] 블록 코드를 연결하고 그 안에 인공지능 영역의 [음성 인식하기] 블록 코드를 넣어 줍니다.

❺ 알버트가 특정한 말을 알아들을 수 있도록 블록 코드를 연결해 봅니다. 흐름 영역에서 [만약 〈참〉이 라면] 블록 코드를 가져와 연결하고, 〈참〉 속에 《(왼) == (오)》를 넣습니다. 왼쪽에는 소리 영역의 [음성 인식 결과] 블록 코드를 넣고 오른쪽에는 프로그램 시작 명령어로 사용할 "스타트"를 써넣습니다.

6 인공지능 영역에서 [(안녕) 말하기] 블록 코드를 가지고 와서 [만약 《(음성 인식 결과)가 스타트》이라면] 블록 코드 안에 넣고, 연산 영역에서 [(1)부터 (10)까지의 무작위 수] 블록 코드를 가지고 와서 넣습니다. 그리고 숫자를 '1', '6'으로 수정하여 입력합니다.

7 주사위처럼 긴장감을 주기 위해서 빨간색–초록색–파란색 LED가 0.1초 간격으로 깜빡거린 후 숫자를 말하기 위해서 알버트 AI 영역에서 [(양쪽) 눈을 (빨간색)로 정하기] 블록 코드를 가져와서 연결합니다. 흐름 영역에서 [1초 기다리기] 블록 코드를 가져와서 연결하고 '0.1'을 입력합니다.

8 동일한 방법으로 초록색과 파란색 눈이 켜졌다 꺼지도록 블록 코드를 연결합니다.

9 LED가 깜빡이는 과정이 반복되도록 흐름 영역에서 [10번 반복하기] 코드 블록을 가지고 와서 그림과 같이 연결합니다.

🔟 블록 코드 연결이 끝나면 좌측 히단의 [프로그램 실행] 버튼을 눌러 알버트가 알맞게 농작하는지 확인합니다. 잘못된 경우 블록 코드를 수정합니다.

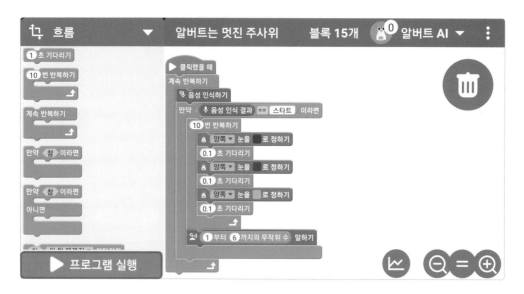

부록

양쪽 눈 LED를
빨간색으로
점등하기

버튼을 누르면

양쪽 눈 LED를
초록색으로
점등하기

앞이 막혔을 때

양쪽 눈 LED를
노란색으로
점등하기

손을 가까이하면

도착

출발

2 ㄱ

접는선

겨울

정답

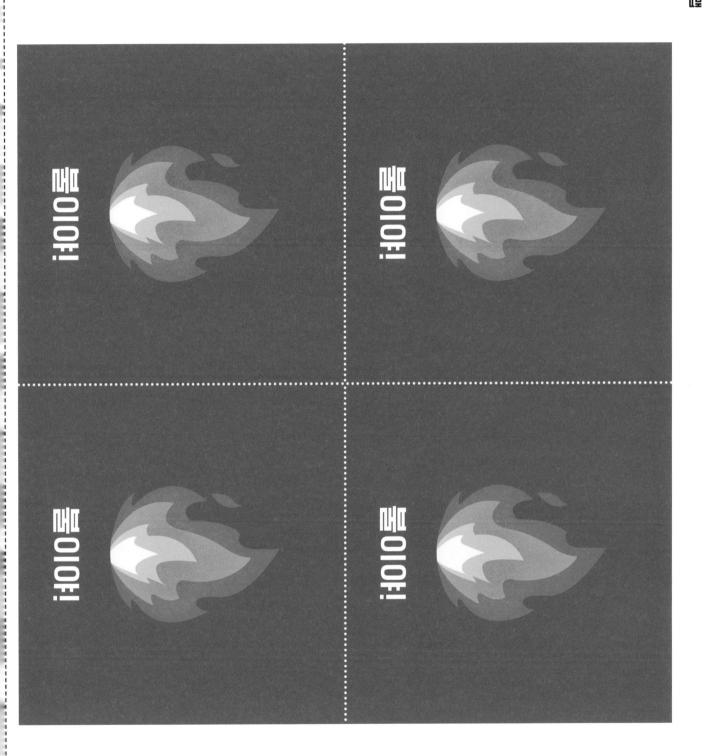

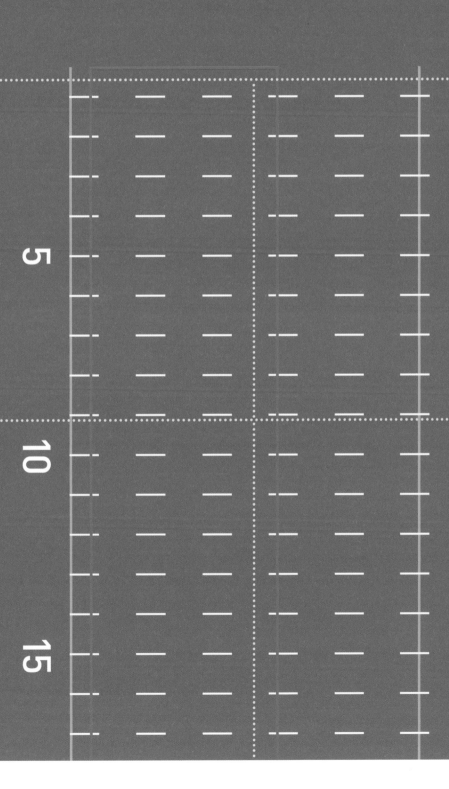

20

25

30

35

40

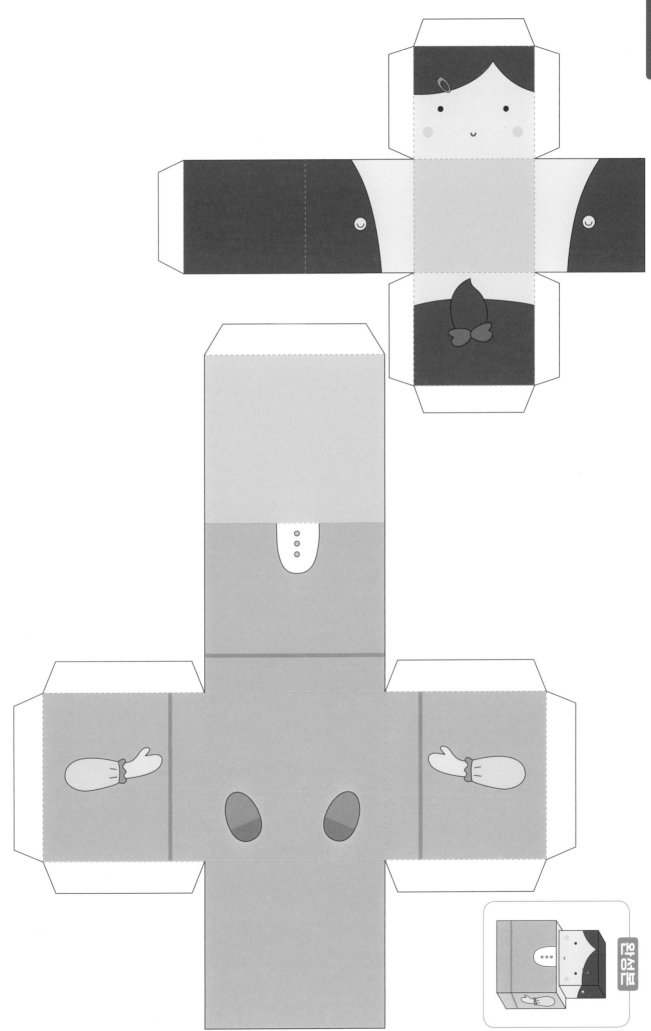

완성본

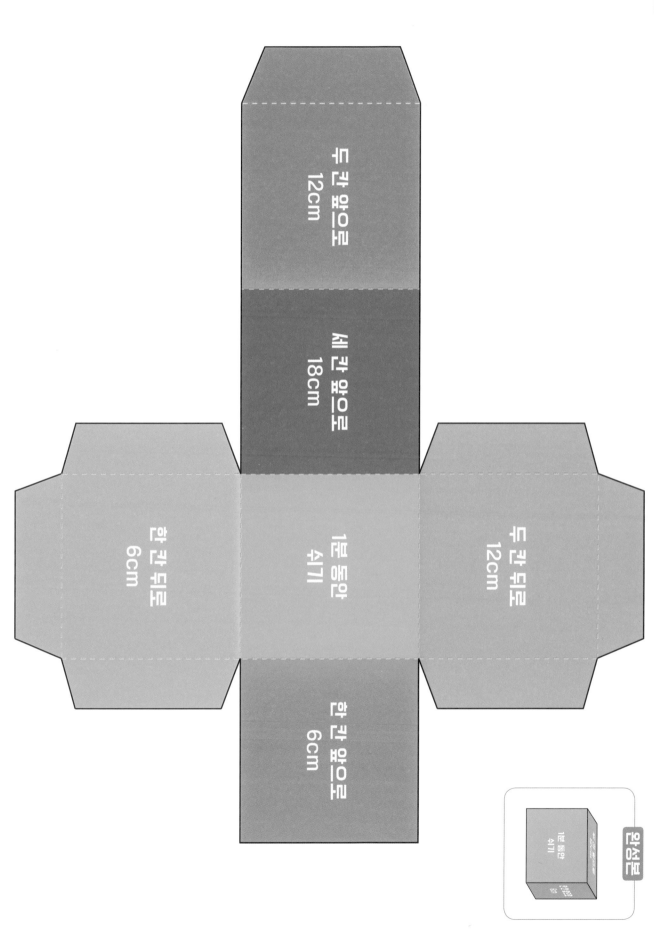

두 칸 왼으로
12cm

세 칸 왼으로
18cm

한 칸 뒤로
6cm

1분 동안
쉬기

두 칸 뒤로
12cm

한 칸 왼으로
6cm

완성본
1분 동안
쉬기

- MISSION -
제자리에서 한 바퀴를
돌아라!

시작한다!
START

- MISSION -
양쪽 눈 LED를
노란색으로 켜라!

- PASS -
그대로 멈춰라!

- PASS -
그대로 멈춰라!

- MISSION -
삐~ 소리로
위험을 알려라!

도착!
FINISH

– PASS –
그대로 멈춰라!

– PASS –
그대로 멈춰라!

– PASS –
그대로 멈춰라!

– MISSION –
칸에서 벗어나지 않도록
뒤로 한 칸을 이동해라!

– MISSION –
앞버트로
'잘했어'를 말해라!

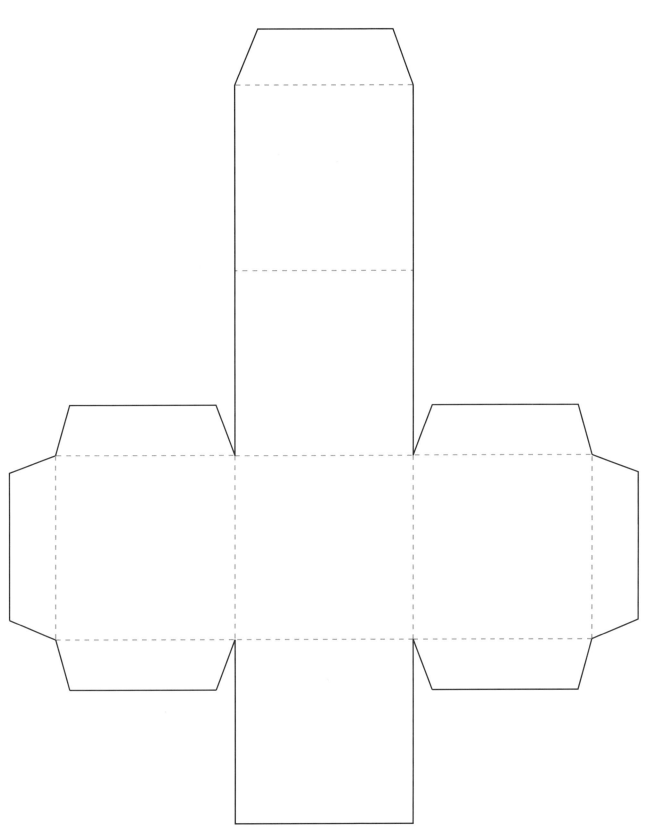

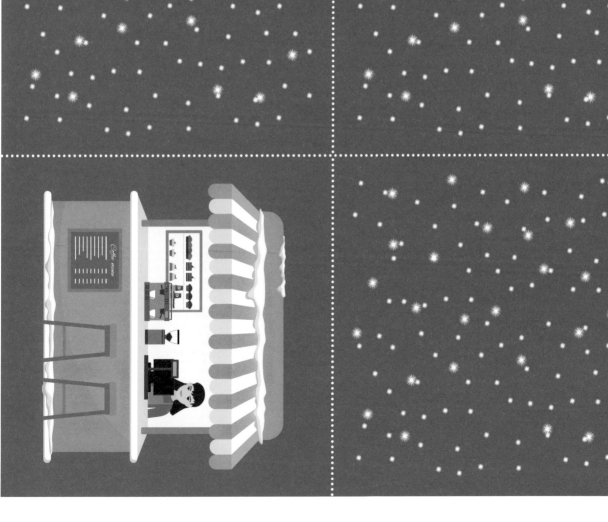